W0320092

L'économie comme je l'aime et veux la faire aimer

Collection *Monde en cours*
créée par Jean Viard

© Éditions de l'Aube, 2024
www.editionsdelaube.com

ISBN 978-2-8159-6461-6

Marlène Dolveck

L'économie comme je l'aime et veux la faire aimer

Concrète, utile, émancipatrice

Préface de Jean Tirole

Postface de Jean-Pierre Farandou

éditions de l'aube

À mon mari François

À mes enfants, Hortense, Jeanne,
Victor, Louise, Iris et Nina

À mes parents, Roselyne et Jean-Claude

À ma très chère famille

Préface

Jean Tirole

Les sociétés, comme les individus qui les composent, sont tiraillées entre l'immédiateté de la satisfaction de leurs besoins et l'investissement dans leur avenir, entre carpe diem et l'espoir d'un avenir meilleur. Historiquement, les perspectives d'un au-delà, d'une société égalitaire, ou d'un rattrapage économique ont justifié le sacrifice et l'adhésion aux religions, à l'effort national et, dans le pire des cas, aux nationalismes et totalitarismes naissants. Utopies ou pas, ces croyances en un « bonheur différé » (pour utiliser l'expression de Marlène Dolveck) fournissaient un espoir, une raison d'être. C'est de moins en moins le cas.

Dans un mouvement de balancier, le débat politique est aujourd'hui centré sur la fin du mois. En France, les campagnes de la présidentielle et des législatives en 2024 tournèrent autour du pouvoir d'achat et du repli sur soi (face à l'immigration, aux importations). Que ce pouvoir d'achat soit une préoccupation des plus démunis est compréhensible. La focalisation sur le court terme devient plus inquiétante quand elle affecte une société tout entière, oblitérant la lutte contre le réchauffement climatique (hormis des discours insistant sur l'urgence de cette lutte tout en recommandant l'augmentation des subventions aux énergies fossiles !), la nécessité d'améliorer un système éducatif défaillant et inégalitaire, celle de renforcer une innovation et une compétitivité en berne (seul moyen d'augmenter durablement le pouvoir d'achat), et celle de stabiliser les finances publiques pour pérenniser le système social. Bref, nos sociétés occidentales semblent entrées dans l'ère de l'immédiateté et avoir perdu espoir dans leur avenir.

Il faut dire que rêver d'un avenir meilleur requiert de l'imagination dans un monde de croissance atone, d'absence de mobilité sociale et de dégradation de l'environnement. Comme le notait le sociologue Robert Merton, la société ne peut proposer à ses membres des objectifs (comme la réussite sociale) sans leur donner les moyens de les réaliser.

Les conséquences de notre court-termisme vont au-delà du déclassement économique annoncé. Les valeurs de la démocratie libérale, de la construction européenne, du respect de l'État de droit, de la tolérance, et de l'ouverture économique et sociale, si elles conditionnent notre pouvoir d'achat, sont aussi et avant tout indispensables à notre bien-être collectif. Elles aussi sont fragilisées.

Comme l'a montré Stefanie Stantcheva de l'Université d'Harvard et ses co-auteurs, un environnement sans perspective économique favorise la « pensée à somme nulle », cette vision pessimiste du monde selon laquelle accroître la taille du gâteau est un sujet secondaire. Si le partage est effectivement important dans notre monde inégalitaire, la pensée à somme nulle est réfractaire à la croissance et exacerbe les tensions entre groupes sociaux (puisque tout n'est que partage).

De façon reliée, s'est développée ce qu'on appelle la « polarisation affective », la perception selon laquelle « les autres » ont des valeurs très différentes des nôtres et ne méritent en rien notre estime. Ce passage à une époque d'anomie (la disparition des valeurs communes et des règles de bonne conduite communément admises) engendre naturellement dans le débat public l'agressivité et l'absence d'échanges basés sur l'écoute et la raison. Elle amoindrit les scrupules à répandre des arguments pour le moins spécieux ou même des fake news.

À tel point que quelques minutes après avoir prêté serment en tant que président des États-Unis d'Amérique, Joe Biden prononça un discours dans lequel il affirma vouloir « mettre fin à cette guerre incivile qui oppose les républicains aux démocrates, les ruraux aux urbains, les conservateurs aux libéraux », que le droit au dissentiment paisible est peut-être la plus grande force d'une nation, et que « le désaccord ne doit pas conduire à la désunion ». Il proposa « d'écrire une histoire américaine d'espoir et non de peur, d'unité et non de division, de lumière et non d'obscurité ».

Le développement de la « polarisation affective » a fait couler beaucoup d'encre ces dernières années. Une lueur d'espoir : en 2023, Matthew Levendusky[1] suggère que, si les différences idéologiques sont parfois considérables, cette polarisation affective peut certainement être réduite. Son livre démontre qu'aux États-Unis, les démocrates et les républicains pensent qu'ils sont bien plus différents qu'ils ne le sont en réalité. Ils exagèrent leurs différences et ignorent ce

1. Matthew Levendusky, *Our Common Bonds*, Chicago (Il), University of Chicago Press, 2023.

qui les unit. La citoyenneté, l'identité en tant que conjoint ou parent, le fait d'être supporter de l'équipe de la ville, les goûts musicaux ou télévisuels, l'attachement à une université sont largement partagés par les démocrates et les républicains. Ce qui divise et unit est en partie une question d'emphase. C'est pourquoi les périodes de guerre, d'attaques terroristes ou (de façon plus réjouissante) de Jeux olympiques tendent à donner aux citoyens le sentiment de faire partie d'une même communauté.

L'essai de Marlène Dolveck, reprenant ces thèmes, est lui aussi porteur d'espoir: « L'économie comme je l'aime vise à la dépolarisation, qui est une condition de la transformation des sociétés, tant son antonyme, on l'a compris, produit l'immobilisme sociologique et économique et la réaction idéologique et politique. »

Elle explique pourquoi et comment les citoyens peuvent reprendre possession de leur destin. Cette réappropriation passe par une meilleure compréhension du monde dans lequel ils vivent. Ils doivent être conscients à la fois des limites et des possibilités ouvertes par l'économie de marché, le mode de production prévalent dans la quasi-totalité des pays, mais plus subi que sujet d'adhésion. Si nous avons quitté l'ère des utopies marxistes et de leur « homme nouveau », et du déni de la nécessité de régulation (survenu dans les années 1980 en réaction à l'échec du dirigisme économique), l'absence de clef de déchiffrage face aux défis actuels est anxiogène. Pour les citoyens, l'ordre semble aujourd'hui être celui d'un monde lointain, construit pour le bénéfice d'une petite minorité.

Marlène Dolveck propose de voir le monde tel qu'il est, à travers le prisme de la microéconomie, une économie beaucoup plus proche du quotidien des citoyens que celle du taux de croissance, du PIB, de l'inflation, de la dette publique et des déficits. Non pas que la macroéconomie ne soit pas importante ou passionnante, bien au contraire. Mais sa complexité et son objet l'éloignent fortement des préoccupations de la plupart des gens. Lorsqu'elle était professeure de sciences économiques et sociales au lycée, elle simulait la « création d'entreprises avec le dépôt des statuts, le plan de financement, l'établissement du business plan, et les perspectives de développement ». Depuis, les programmes d'économie dans les lycées se sont bien améliorés, introduisant des questions très concrètes comme les externalités ou le pouvoir (souvent appréhendé à travers des jeux joués par les élèves). Pour Marlène Dolveck, l'économie est une école d'affranchissement et de lucidité, donnant des clefs à tous et leur permettant de redevenir pleinement acteurs de leurs existences.

Marlène Dolveck offre donc une défense passionnée de l'économie. Son plaidoyer insiste sur le fait que l'économie est une activité humaine et fustige l'arrogance de « l'économie des plateaux télé ». Son riche parcours professionnel, comme enseignante de sciences économiques et sociales au lycée, puis comme dirigeante d'entreprise (après avoir travaillé au groupe La Poste et dans des banques, elle est aujourd'hui directrice générale de Gares & Connexions et responsable de la Transformation du groupe SNCF), lui fait voir tout le bénéfice d'un enseignement concret.

Pour elle, l'économie doit intégrer les comportements humains et les jeux d'acteur, appréhender la psychologie des participants. Que ce soit pour comprendre pourquoi une négociation doit respecter l'interlocuteur, saisir ses contraintes, percevoir l'implicite dans ses demandes, ou pour permettre aux collaborateurs de savoir qu'ils sont utiles, ou encore pour anticiper les dangers et opportunités à venir sur des marchés en mutation, ces moments de basculement.

Sous ces conditions, l'économie est émancipatrice. Donnons-lui le dernier mot :

JEAN TIROLE

« L'économie comme je l'aime et veux la faire aimer, dans cette optique, est naturellement celle qui, en amont de la délibération du préférable ou du souhaitable, offre une hauteur de vue, une information, une lucidité. Une humilité aussi. Elle est l'inverse du vindicatif ou du péremptoire. Elle remet les pendules à l'heure, et la discussion sur les bons rails. »

JEAN TIROLE
Prix Nobel d'économie

Ô Toulouse…

> « Je revois ton pavé, ô ma cité gasconne
> Ton trottoir éventré sur les tuyaux du gaz
> Est-ce l'Espagne en toi qui pousse un peu sa corne
> Ou serait-ce dans tes tripes une bulle de jazz ? »
>
> CLAUDE NOUGARO

Un haussement de sourcil circonspect, une moue dubitative. À parler d'économie, voici ce que d'abord on redoute : l'indifférence polie de son interlocuteur, déjà ennuyé à l'idée d'une matière assommante, voire terriblement triviale, faite pour perpétuer le monde tel qu'il va ou plutôt tel qu'il ne va pas. Ce peu d'appétence pour la chose économique est particulièrement observable en France, où l'économie paraît reléguée bien en dessous de ce qui, chez nous, emporte toutes les faveurs : l'art politique.

Il y a dans cette méfiance – voire cette défiance – de la société française à l'endroit de la science économique mille raisons, qui tiennent à la formation de l'État en France (à sa centralité et à son centralisme organisateur), aux modalités de la formation de ses élites, à l'insuffisante porosité entre les carrières administratives et dans l'entreprise, et même entre entreprises publiques et entreprises privées, à son histoire intellectuelle, à son tropisme égalitaire.

Ailleurs, la place de l'économie dans le débat politique paraît plus naturelle. On songe ainsi aux États-Unis, où le conseiller politique de Bill Clinton peut s'exclamer, en 1992, « It's the economy, stupid » (« C'est l'économie qui compte, idiot »), pour établir sa prééminence dans l'établissement d'une stratégie électorale, qui s'avérera en l'occurrence payante par deux fois. On songe également à l'Allemagne, dont le champ politique est, bien plus qu'en France, structuré par la défense de l'industrie allemande et le respect de la discipline budgétaire, vus comme les deux piliers de la souveraineté du pays. C'est moins le cas chez nous, même si certaines campagnes électorales – en 1974, en 2007 avec la loi TEPA (travail, emploi, pouvoir d'achat) et le rapport de la Commission « Attali » pour la libération de la croissance française, par exemple – ont pu davantage mettre en avant les sujets économiques et budgétaires.

Fermer le ban ? Non, mille fois non ! Je crois tout au contraire qu'il est plus que temps de reparler d'économie, de remettre en lumière cette discipline extraordinairement féconde. Non seulement pour comprendre la marche du monde, saisir les options qu'une société se donne à elle-même, mais aussi pour se connaître soi-même, et ainsi travailler à son émancipation. Le livre que vous tenez entre les mains est né de cela : parce qu'elle m'a constituée comme personne, comme citoyenne, comme dirigeante d'entreprise, j'ai cette envie profonde de reparler d'économie, d'en faire l'éloge et de convaincre de sa nécessité.

Alors, en reparler oui, mais pas n'importe comment ! Je pense qu'il faut se garder en la matière de deux écueils principaux. On doit en premier lieu éviter un certain hermétisme théorique, qui ne permet pas toujours de s'emparer concrètement de ce que l'économie a de plus opératoire. À l'autre bout du spectre, je crois tout autant dommageable de ne parler de l'économie que sous l'angle d'un pragmatisme caricatural la réduisant à une tuyauterie, certes sophistiquée, mais seulement destinée à opérer des transferts – de marchandises, de services ou d'argent.

Qu'on me comprenne bien : se méfier de l'un et de l'autre écueils ne signifie ni anti-intellectualisme démagogique ni ignorance de ce que l'économie a d'essentiel dans la marche quotidienne des affaires du monde, tout au contraire. Mon seul objectif est de montrer le plus concrètement et le plus simplement comment l'économie est, d'une certaine manière, native, comment elle irrigue le corps social dans toutes ses dimensions, pour la rendre moins étrangère ou abstraite, et ainsi souligner pourquoi et comment elle peut nous être utile au quotidien.

Précision supplémentaire : aimer l'économie, en défendre la formidable positivité, ce n'est pas céder à l'économisme, c'est-à-dire la réduction de tout le réel à sa logique. C'est voir ce qui, dans le réel, en relève, ni plus mais pas moins, pour agir mieux.

Les tours et détours qu'a pris ma vie m'évitent – en tout cas je l'espère – de tomber dans ces ornières. Dans mon parcours professionnel, comme enseignante puis comme dirigeante d'entreprise, mais également dans ma compréhension du monde, l'économie a toujours été une pratique, une sorte de boîte à outils très opérationnelle, très empirique, profondément liée à un certain bon sens. Par exemple, les connaissances en économie ne m'ont jamais satisfaite en tant que telles : il fallait qu'elles puissent se muer en capacité d'agir, en « agentivité », comme disent certains économistes, qu'elles donnent à chacun la capacité de se percevoir comme acteur du monde qui fait advenir des choses, et non comme quelqu'un *à qui* il arrive des choses. Ce rapport aux connaissances, à leur fléchage sur du concret, est puissamment ancré en moi. Au demeurant, je ne suis pas plus agrégée que thésarde et mesure très bien ce que je sais, et ce que j'ignore.

Il y a autre chose qui, je crois, peut me permettre de parler d'économie « à hauteur d'homme », ou « de femme ». Jusqu'à il y a peu, ma vie me semblait, comme c'est le cas pour la plupart d'entre nous, un mélange de « hasards et de nécessités[1] ». Je n'avais jamais eu l'occasion de saisir ce qui, dans les temps de mon existence, en avait constitué l'agent transformateur, le principe actif.

Mais voilà que, le 22 mai 2023, je fus élue présidente du conseil d'administration de l'École d'économie de Toulouse, où je retrouvai avec bonheur Emmanuelle Auriol – qui fut ma professeure – au sein d'une équipe d'enseignants et de chercheurs remarquables. Ce « retour aux sources » fit sur moi

1. Pour reprendre la belle formule du biologiste Jacques Monod.

l'effet d'une petite révélation. Native de la région toulousaine, étudiante en économie dans ce qui deviendrait plus tard TSE, je fus d'abord professeure de sciences économiques et sociales au lycée, avant de reprendre mes études pour entamer une carrière de dirigeante, dans le secteur bancaire puis à la SNCF. De la même manière qu'enseigner impose de réinterroger sa manière de voir et faire les choses, j'ai perçu au fond de moi cette élection comme une invitation à me questionner sur la manière dont la science économique m'avait accompagnée depuis le début.

Le début ? Le début, c'est le quartier cheminot de Saint-Alban où j'ai grandi, à équidistance de la gare de triage de Saint-Jory et de la Ville rose. Là, dans les allées séparant des maisons identiques, du haut d'un cerisier magnifique dont j'avais fait mon perchoir, je m'initiai sans le savoir à l'économie, parmi ces cheminots et fils de cheminots qui entrelaçaient fierté ouvrière et ascension sociale, sécurité d'un statut mêlée aux fatigues des astreintes. Plus tard, lycéenne, un professeur marxiste de science éco stimulerait en moi l'appétit de connaissances et aussi le premier désir de tester la théorie quand elle ne me paraissait pas coïncider avec l'expérience vécue. Puis, devenue à mon tour enseignante en lycée, ce seraient les salles de classes huppées de l'Ouest parisien qui m'initieraient aux charmes, parfois aux roueries, de certains codes sociaux, différents de ceux que j'avais pu pratiquer jusque-là. Je ne partais pas de rien, toutefois : mes parents m'avaient donné de solides assises quant à la vie en société.

Autant de lieux d'observation de ce qui fabrique le social, l'échange entre les gens, les usages et les comportements, les ingrédients qui, tour à tour, favorisent la confiance réciproque ou, au contraire, le quant-à-soi. Avec mon élection à la présidence de l'école d'économie de Toulouse, une boucle se formait : cette responsabilité nouvelle me permettait de voir sous un jour nouveau mon existence et, singulièrement, le rôle qu'y avait joué la science économique. Il était temps de lui rendre hommage, de dire comment les outils qu'elle propose sont à la disposition de chacun, comment elle est une école d'affranchissement et de lucidité, comment elle donne des clefs à tous : aux individus dans la conduite de leur vie, aux citoyens pour leur permettre d'échapper à la polarisation systématique de nos sociétés trop souvent vindicatives, aux dirigeants qui, ne voyant souvent l'économie que sous l'angle de la macroéconomie, se privent de leviers essentiels pour conduire leurs entreprises.

1
Tentative d'éco-biographie, ou l'économie à hauteur d'homme, de femme

Monsieur Schouft et l'enseignant comme révélateur

1991. Dans ma classe de première C, à l'époque la section incontournable pour qui prétendait faire de bonnes études, je réussis à me ménager une option Sciences économiques et sociales. Je m'y régale. Le principal coupable de cette jubilation intellectuelle ? Monsieur Schouft, extraordinaire enseignant, marxiste jusqu'au plus profond de lui-même, qui parvient aussitôt à me passionner. Je ne suis d'ailleurs pas la seule parmi mes camarades à me trouver victime consentante de cette séduction intellectuelle[1] – que grâce

1. En recherchant pour cet ouvrage le nom de ce professeur, et quelques éventuels éléments biographiques, j'ai d'ailleurs découvert que monsieur Schouft avait également eu, parmi ses élèves,

soit rendue à ces enseignants passionnés ! Sur le fond, j'apprends avec monsieur Schouft le substrat productif à partir de quoi se forment les superstructures sociales, les rapports de classe ou la valeur ajoutée. J'apprends tout autant sur la forme, par le plaisir de la discussion et les vertus de la contradiction (en somme, la dialectique !).

Qu'il me soit permis aussi de dire l'un des enseignements par la négative dont je sais gré à monsieur Schouft : le sens aigu que toute théorie, aussi étincelante soit-elle, n'est pas le tout du réel. Et même, qu'il y a dans la science économique un « démon de la théorie[1] » pouvant aboutir soit à tordre le réel pour le faire rentrer au chausse-pied dans le modèle (cela ne fabrique au pire que des livres dispensables), soit, et c'est bien plus grave, à transformer au forceps le réel pour le faire coïncider avec ce qu'une

---

le romancier Bernard Werber. Dans un article de son blog, celui-ci rend hommage à sa passion d'enseignant, à sa connaissance du marxisme, et à la bienveillance de ses notes pour permettre au futur écrivain de se consacrer à un projet de journal lycéen. https://www.bernardwerber.com/blog/index.php?article=634

1. J'emprunte l'expression à Antoine Compagnon, professeur au Collège de France, qui l'examine à propos de la théorie littéraire.

économie supposément idéale devrait être. Quant à moi, je m'en tiens souvent à cette phrase pleine de sagesse d'Alfred Marshall, l'un des économistes britanniques parmi les plus importants de la fin du XIXe siècle, grand concepteur de l'économie industrielle (une branche décisive de l'économie dont j'aurai l'occasion de reparler) : « Nous devons étudier l'humanité telle qu'elle est. Nous ne devons pas construire un monde irréel, tel qu'il pourrait ou devrait être[1] ».

Je n'avais pas encore lu Alfred Marshall en première scientifique, cela va sans dire. Je sentais pourtant déjà que la lecture marxiste du monde échouait à prendre acte de la variété de la vie de l'homme en société. En cherchant à contrecarrer les arguments de monsieur Schouft, en lui soumettant mes objections, en lui opposant des exemples pris dans la vie de tous les jours, je me forçais à réfléchir, à travailler, ce qui contribuait à inscrire plus profondément en moi ce goût pour la science économique.

D'où tenais-je cette propension à opposer aux constructions théoriques les observations issues de mon univers familier ? Je ne saurais le dire avec certitude. Cependant, mon

1. Alfred Marshall, *Principes de l'économie politique (Principles of Economics)*, 1890.

environnement familial a dû jouer considérablement, comme c'est si souvent le cas. Mon père avait eu un passé incertain et douloureux. Sa famille, venue d'Espagne, s'était scindée en deux durant le régime franquiste : une partie avait choisi d'y demeurer, tandis que l'autre, d'obédience communiste, avait choisi l'émigration pour venir s'installer dans le sud-ouest de la France. Mon père, dont la mère décède quand il est encore petit garçon, entretient vite des relations difficiles avec sa famille. Dès que cela sera possible, il fera sécession. D'avec son propre père, d'avec l'Espagne aussi, avec laquelle aucun lien ne me sera transmis.

Mes parents et le lait de la confiance

Face à ce début d'existence difficile et précaire, mon père fait un choix dont on méconnaît aujourd'hui l'importance pour énormément de gens de cette génération : il devient cheminot pour sécuriser son existence, celle de ma mère, la mienne. Il fera l'intégralité de sa carrière à la SNCF, comme conducteur de TGV, comme cadre traction, puis comme responsable des formations des conducteurs. Sa culture, nourrie à ce que la télévision et la radio françaises avaient de meilleur, était encyclopédique. Son amour pour le ski, sa grande passion, était notre luxe. C'est peu dire que nous en profitions ma mère et moi, dans la station des Pyrénées ariégeoises d'Ax-les-Thermes dont je prétends connaître chaque centimètre carré et que je continue de fréquenter année après année sans songer un seul instant qu'il puisse en être autrement.

Politesse, tenue, exigence, volonté farouche de changement de classe après que l'arrivée depuis l'Espagne avait déclassé sa famille, tel était mon père, disparu prématurément en 2012. Enfant, à Saint-Alban, je vécus ainsi mes dix premières années dans ce quartier cheminot où chacun était lié, souvent depuis plusieurs générations, à l'entreprise ferroviaire. Je ne faisais pas de bruit quand mon père se reposait de ses horaires décalés ou bien quand, plus tard, il décida de passer les concours internes pour pouvoir former les futurs conducteurs. Les maisonnettes de Saint-Alban, chacune attachée à son jardinet, me paraissaient les plus belles du monde. Je commençais intuitivement à comprendre ce mélange d'économique et de sociologique qui unissait tous ces habitants, cette économie humaine en somme qui articulait serrés l'individuel et le collectif. Un premier aperçu, aussi, de cette « famille » cheminote que je rejoindrais à mon tour bien plus tard.

De ma mère, Roselyne, j'héritai une autre culture socio-économique. Sa mère à elle avait grandi dans une ferme près de Toulouse. Mes grands-parents, d'abord quincailliers puis devenus ambulanciers, s'étaient assurés un bon niveau de vie. Ils avaient transmis à ma mère, fleuriste, ce goût pour l'entrepreneuriat et l'indépendance. De là, sans doute, le sens du commerce qui ne m'a jamais quittée. Enfant, à Biert, en Ariège, chez mes grands-parents maternels, je passais mon temps sur la place du village à vendre tout un ensemble de petites choses aux villageois complaisants. Même des cailloux ! J'adorais jouer à la marchande et gagner quelques sous. Mon rapport à l'économie n'a pas changé depuis : très concret, où les questions liées au monétaire, à l'offre, à la demande, à ce qu'est un « marché », même embryonnaire, sont évidentes et absolument détachées de toute culpabilité liée à l'argent.

J'ajoute à cela la confiance extraordinaire que je buvais au sein de ma mère. C'est bien simple, pour elle et pour tous ceux à qui elle parlait de moi, j'étais promise à une vie faite de succès, car j'étais à ses yeux sa petite fille forcément exceptionnelle. Il ne faut jamais sous-estimer cela, cet extraordinaire cadeau que peuvent faire les parents en donnant confiance à leur enfant. C'est, en soi, un capital précieux. J'en conserve aujourd'hui un rapport à autrui fondamentalement amène, ma confiance étant toujours donnée a priori, si j'ose dire, comme un postulat de départ. Ce n'est pas par grandeur d'âme, mais par construction intime, sentiment premier. Le monde tel qu'il va, évidemment, se charge parfois de me faire reconsidérer cette confiance accordée sans mégoter. Mais quand je dois revenir sur cette confiance, j'en suis triste et affectée.

L'économie à hauteur d'homme et de femme

Si je parle de cette économie vue à hauteur d'enfant, avec joie, enthousiasme, innocence, ce n'est pas par nostalgie. C'est pour rappeler que l'économie est une activité humaine, et même une manière spécifiquement humaine de penser son activité, dont il n'y a nulle raison de rougir. Bien avant d'être une « science » ou le symbole de forces trop gigantesques pour être maîtrisées par les individus, l'économie est, avec le langage, une modalité décisive de l'échange entre les humains. Venue du grec *oikonomía* qui est la contraction de οἶκος/*oikos* (la « maison ») et de νόμος/*nomós* (la « loi »), l'économie est « l'administration d'un foyer ». On peut même préciser en disant que ce foyer, pour les Grecs, c'est la cellule familiale, mais tout autant l'unité de production : c'est la ferme, la ferme agricole. L'économie, dans cette acception, n'est pas du tout une pratique lointaine, austère, accaparée par les sachants (qu'ils relèvent du « cercle de la raison », les orthodoxes, ou qu'ils se situent dans le sillage tracé par les pensées socialiste et marxiste, les hétérodoxes) et donc confisquée aux individus. Elle est au contraire pratique la plus quotidienne, la plus coutumière, à la fois humble et sophistiquée, tant elle est déterminante. À la fenaison, combien de ballots pour l'hiver et combien pour l'étable ? Après la moisson, combien de boisseaux de blé pour le marché et combien pour le moulin ? Voilà l'économie.

L'économiste suédoise Ingela Alger, médaille d'argent du CNRS et directrice de recherche à TSE, éclaire bien la dimension éminemment concrète de l'économie dans nos existences et comment elle a de considérables effets sur nos modes d'organisation collectifs. En appliquant à l'économie les modèles mathématiques de la biologie évolutive, ses travaux ont montré que, dans le monde préindustriel, la plus ou moins grande rudesse de l'environnement avait eu un impact sur la propension d'un foyer, d'une ferme donc, à partager la ressource avec la famille étendue – oncles, tantes, cousins. Ainsi, les Suédois ont-ils historiquement moins redistribué la ressource à la famille étendue que les Italiens, leur climat étant bien plus froid; *a contrario*, les Suédois ont développé précocement des modèles redistributifs d'assurance sociale confiés à des institutions tierces pour compenser cette moindre générosité intrafamiliale, empêchée par la nature. Je suis fascinée par ces recherches, car elles disent *mon* économie: une science résolument humaine, permettant d'affûter un certain nombre d'outils qui, eux-mêmes, permettent d'agir pour le bien-être du plus grand nombre.

Cette économie « à hauteur d'homme » en fait rabattre à l'arrogance de l'économie des plateaux télé. C'est le grand professeur d'université à la London School of Economics, Lionel Robins, qui a dégonflé avec le plus d'humour, je crois, cette tendance de la science économique à se payer de mots et de concepts: « L'économie est l'art de faire sortir un lapin du chapeau, après avoir mis le lapin dans le chapeau »... À l'humour, Robins ajoutait plus académiquement une concision analytique au scalpel, sa définition de l'économie faisant autorité à peu près partout: « L'économie est la science qui étudie le comportement humain en tant que relation entre des fins et des moyens rares susceptibles d'être utilisés différemment ». Bref, un système de choix et de préférences. Le boisseau, la fenaison, le blé et la famille étendue…

Le réel, ça existe

Nous devons urgemment nous réapproprier l'économie comme science humaine, c'est-à-dire comme discipline traitant du rapport entre les gens relativement à des biens et à des services qu'ils s'échangent, en fonction de leurs besoins, de leurs préférences, de leurs ressources. Au fond, il s'agit de remettre l'économie au centre du village et de commencer par elle, c'est-à-dire par le tangible, le réel. La chose est d'autant plus importante que tout dans l'époque semble conspirer contre lui. Comment ne pas constater, en effet, chaque jour, les dégâts liés à une perception du réel de plus en plus brouillée, victime de diverses altérations ou falsifications ? La désormais tristement célèbre « polarisation des sociétés contemporaines » est l'œuvre de maléfiques « ingénieurs du chaos[1] », de dealers en influence

1. Pour reprendre le titre de l'ouvrage du politiste Guiliano da Empoli (2019), qui soulignait

sans scrupule, de réseaux (a)sociaux branchés en intraveineuse qui s'échinent à frelater le réel comme on le fait d'un alcool de contrebande, la même cécité à la clef.

Cet écartèlement du public entre des positions opposées, de plus en plus souvent constaté, sa conviction que le monde ne peut se dire que sous la forme d'une alternative entre des termes antagoniques, sont l'indice d'un rapport au réel dysfonctionnel, peut-être même d'un décollement psychotique d'avec lui. Il faut d'ailleurs bien le reconnaître : l'application avec laquelle intellectuels, hommes de médias, politiques, communicants insistent sur les bienfaits de la « mise en récit » (de toute chose, c'est désormais entendu, il faut faire récit) a fini par convaincre, de fait, que le réel est d'abord ce que l'on peut dire de lui. À chacun son récit donc, et tant pis si pour l'imposer il faut parler très fort, et tant pis si l'ambition de dire le monde – au plus proche de ce qu'il est vraiment – disparaît peu à peu dans les limbes, les ombres de la caverne platonicienne remportant définitivement la bataille.

---

notamment comment certains candidats populistes étaient venus « réinventer une propagande adaptée à l'ère des selfies et des réseaux sociaux ».

L'économie elle-même nous offre d'ailleurs des clefs de lecture de cette distorsion du rapport au réel et de la déformation des croyances et des comportements. Le débat public semble devenu un marché où s'affrontent des narratifs concurrents, avec une méfiance croissante par rapport aux experts. C'est ce que rappelait Jean Tirole dans une conférence récente[1]. Reprenant l'idée du prix Nobel Thomas Schelling, qui définit l'esprit comme un « organe de consommation de croyances », il s'interroge sur les biais de cette consommation, relevant que « à l'exception des hypocondriaques, la plupart d'entre nous agissons souvent comme si les accidents et maladies n'arrivaient qu'aux autres. Nous évitons les sources d'information susceptibles de contenir de mauvaises nouvelles, de peur qu'elles ne nous démotivent, n'induisent des états mentaux pénibles, ou les deux. » Or, ajoute-t-il, « quand l'économiste souligne la nécessité de mettre en place des mesures incitatives, il ou elle est porteur de mauvaises nouvelles : l'analyse économique en effet révèle nos valeurs les plus profondes ». Étant

1. « Croyances, narratifs et expertises », lecture donnée à Toulouse le 16 mai 2024 à l'occasion du 700e anniversaire des Jeux floraux.

moi-même mariée à un médecin, je ne peux que souscrire à ce parallèle.

Ce que nous disent également les économistes, et en particulier Leonardo Bursztyn[1], c'est que non seulement les réseaux sociaux distordent notre rapport au réel et au débat, mais ils créent aussi du « bien-être négatif »: un rapport de manque, de peur de l'isolement, de passer à côté d'une information ou d'une tendance, qui font qu'une grande partie d'entre eux « préféreraient que la plateforme n'existe pas ». Les réseaux sociaux ont ainsi – par certains aspects, du moins – non seulement un effet délétère sur le débat public, mais ils « sapent le moral » de leurs utilisateurs.

C'est donc d'une triple caverne qu'il nous faut sortir: celle des illusions, des fausses vérités, des opinions devenues dogmes; celle de l'isolement, de l'invective, plutôt que du débat; et celle de l'immédiat, du flux continu qui nous empêche de nous concentrer sur les sujets fondamentaux.

Reparler d'économie, c'est justement affirmer que le réel, ça existe. Que l'on peut en débattre, discuter des options qui s'offrent

1. Leonardo Bursztyn, Benjamin R. Handel, Rafael Jimenez, and Christopher Roth, *When Product Markets Become Collective Traps: The Case of Social Media,* NBER Working Paper No. 31771, octobre 2023, révisé en juillet 2024.

à nous, identifier les préférences qui sont les nôtres à partir d'un diagnostic partagé. Car, enfin, comment expliquer que notre pays, nourri au rationalisme de Descartes, se prête à autant de fantaisies ? Ainsi pourra-t-on entendre de bons esprits affirmer dans un même studio de radio ou de télévision que la France est sans conteste entièrement soumise à un ultralibéralisme dérégulé et, tout au contraire, un pays définitivement socialisé, où l'État a phagocyté d'abord, annihilé ensuite, toute initiative privée… Allez comprendre ! Tout cela ne nous aide guère à identifier un réel commun, tant la prime semble donnée à l'outrance et à la caricature.

Être prof, ou l'économie comme dessillement et pouvoir d'agir

Retrouver le sens du réel passe par une meilleure compréhension de l'économie. Lorsque j'étais professeure au lycée, je constatais combien l'acquisition de certains concepts économiques élémentaires permettait à mes élèves de comprendre ce qui, antérieurement, leur paraissait confus, ou arbitraire. Un prix, par exemple. Qu'est-ce qu'un prix, comment se forme-t-il, de quoi sont faites les différentes couches (de travail, de matières premières, de transport, d'intelligence, etc.) qui, agrégées, en forment la valeur faciale ? La chose paraît évidente ? Pas si sûr. Je voyais dans leurs yeux que ce qu'ils prenaient jusque-là pour un mélange d'arbitraire et de marketing devenait plus clair. Leur capacité de compréhension du monde s'en voyait mécaniquement augmentée, ce dessillement en direct étant l'un des plus grands bonheurs que puisse apporter l'enseignement.

Idem pour un marché : comment se construit-il, autour de quelles courbes d'offre et de demande, avec quels acteurs ? Ces acteurs sont-ils privés, publics ? Le marché est-il régulé par des autorités indépendantes ou laissé libre ? Idem pour la croissance, pour la comptabilité nationale, pour la différence entre un déficit et une dette, un taux directeur et un taux d'intérêt.

Dans ma volonté passionnée de rendre la chose économique le plus ancrée possible dans la réalité, je mettais en place, avec mes collègues et amies Alexandra Devillers et Bénédicte Nuttens, des « jeux d'entrepreneurs ». Avec nos élèves, nous simulions la création d'entreprises avec le dépôt des statuts, le plan de financement, l'établissement du business plan et les perspectives de développement. Ces « serious games » étaient une façon chaleureuse et stimulante d'enseigner des concepts économiques fondamentaux, dont la maîtrise éclaire, bien au-delà de l'entrepreneuriat en tant que tel, le fonctionnement de la société. Certains de ces élèves ont transformé l'essai ! Je pense notamment à la *serial entrepreneure* Philippine Dolbeau. Dans le cadre du programme que nous avions initié alors, mais bien longtemps après que j'eus quitté l'enseignement, elle s'était emparée d'un reportage télévisé racontant l'histoire d'un petit garçon endormi dans le bus scolaire et dont personne n'avait remarqué l'absence à l'école. Ni une ni deux, cette élève avait, grâce à un financement participatif, monté une application mobile, NewSchool, permettant de vérifier en temps réel la présence des élèves en classe ! Nous étions en 2014, elle avait quinze ans…

Ce B.A.-BA de la culture économique réinjecte de la rationalité dans la perception du réel : il chasse le sentiment que « tout cela nous dépasse », que ce sont « ceux d'en haut » qui tirent les ficelles, sur le dos des « petites gens ». En somme, suivez mon regard, je suis convaincue que l'enseignement et la compréhension de l'économie sont une véritable potion démocratique, un remède contre le populisme et les fake news. En permettant de comprendre ce monde fait d'échanges, de flux, de travail, etc., l'économie rend aux acteurs, je préfère dire aux *individus*, de l'agentivité : la conviction qu'ils ont la main sur leur destinée, sur les voies et moyens de réaliser ce qu'ils estiment être une « vie bonne ».

La reconquête d'un pouvoir d'agir n'est pas seulement une conséquence heureuse de l'économie, de la maîtrise de ses quelques outils fondamentaux : elle en est peut-être, si l'on réfléchit bien, l'objectif premier. N'est-ce pas pour manger mieux, se loger, obtenir ce dont on a besoin pour vivre, gagner en indépendance et en liberté que les premiers marchés se sont formés ? L'économie est le fruit de l'histoire, de pratiques humaines qui ont été, par suite, théorisées, et non l'inverse. Aristote, dans *Éthique à Nicomaque*, est le premier penseur de l'économie à avoir décrit dans le détail ce passage de la sphère familiale aux premières formes de l'économie marchande. Passant du foyer au village, puis du village à la Cité, les hommes se sont acheminés progressivement du (sur)vivre au bien-vivre, de l'économique vers le politique. Ainsi l'économie est-elle la poursuite têtue d'un pouvoir d'agir humain. Réciproquement, la connaissance de l'économie, ou bien sa réappropriation, peut faire redécouvrir aux individus la possibilité d'être pleinement acteurs de leurs existences dans un monde complexe. C'était tout l'enjeu de l'enseignement que je pratiquais il y a vingt ans. C'est aujourd'hui encore ma boussole comme dirigeante d'entreprise.

Le littéraire et l'ingénieur

Cette économie réelle, ou « du réel », cette « valeur d'usage » de l'économie se distingue assez nettement de ce que l'on appelle communément la « macro », la macroéconomie. En France, parler d'économie, c'est le plus souvent parler macroéconomie, qui semble avoir avalé toute crue l'économie « par le bas » que je défends ! Problème : je ne crois pas que la macro permette à elle-seule de rendre vraiment aux acteurs économiques cette capacité d'action à laquelle ils prétendent légitimement.

Ce « règne » de la macroéconomie se retrouve même dans des secteurs où l'économie est centrale – comme la banque, secteur dans lequel j'ai longtemps exercé. Le premier angle d'analyse de l'économie y reste la performance « globale » : l'évolution de la production, l'inflation, la balance des paiements. Les risques et les crises y sont également vus sous l'angle le plus large, non par paresse intellectuelle, mais parce que le métier de banquier demande d'abord de maîtriser son exposition à ceux-ci.

Cependant, en quoi la macroéconomie permet-elle à un dirigeant d'entreprise, par exemple, de prévoir son volume d'affaires, ou de gérer sa masse salariale ? En quoi permet-elle à cette organisation syndicale-ci, à cette administration-là, de comprendre les nouvelles habitudes de consommation, de déplacement, ou les choix individuels et collectifs de ses adhérents pour l'une, de ses usagers pour l'autre ? En quoi la macroéconomie nous permet-elle d'anticiper comment les gens vont s'emparer d'un outil comme Parcoursup, réagir à la mise en place du pass vaccinal ou gérer la pénurie relative de places de train pour Noël prochain ? La macro doit rester un cadre général, pas un guide quotidien. Elle est un peu comme la météo le matin : ce n'est pas parce qu'il pleut qu'on ne met pas le nez dehors, et ce n'est pas parce qu'il fait beau qu'on s'abandonne complètement au *farniente*. Il reste toujours, et c'est heureux, une place pour les arbitrages individuels.

Si je devais forcer le trait (mon lecteur excusera, j'en suis sûre, cette exagération destinée à inviter au dialogue des expertises et non à brocarder, cela va de soi), cette prévalence de la macro tient sans doute à la culture « littéraire » d'une grande partie des élites françaises. L'économiste Mathieu

Perona[1], avec qui j'ai eu l'occasion d'échanger tandis que je travaillais à ce livre, m'a parlé avec humour de leur vision « un peu impressionniste » de l'économie. Sciences Po, l'ENA, les Écoles normales littéraires sont d'excellentes écoles, mais elles enseignent généralement l'économie davantage sous l'angle de l'histoire des idées et des politiques publiques, éclairée de quelques chiffres, plutôt que comme un poste d'observation des pratiques concrètes et des mécanismes à l'œuvre dans la vie économique. Je ne dis pas que ce soit un choix de facilité : si la microéconomie implique une véritable technicité mathématique, la macroéconomie mobilise un appareil conceptuel complexe et se nourrit d'approches concurrentes évoluant rapidement. Il ne s'agirait pas d'en avoir à notre tour une lecture… « impressionniste ». Mais sa nature même et son spectre large peuvent faire considérer, chez certains politiques, que « l'intendance suivra » : d'abord le choix politique, expliqué par la communication et mis en œuvre par la norme, puis sa mise en application par les acteurs économiques, avec une

1. Mathieu Perona est le directeur exécutif de l'Observatoire du bien-être du Centre pour la recherche économique et ses applications (CEPREMAP).

réflexion parfois un peu schématique, ou du moins inadaptée, sur l'impact concret des décisions.

Oubli volontaire, négligence coupable, confiance en la force du droit ou croyance que « dire, c'est faire » ? Ce n'est pas à moi de trancher. Cependant, comme on le sait depuis Lacan, « le réel, c'est quand on se cogne ». La France en a fait la dure expérience à plusieurs moments de son histoire. Hélas, quand l'économie se rappelle à notre bon souvenir, on en retient, et c'est dommage, uniquement la dimension castratrice (le revirement économique et budgétaire du gouvernement Mauroy, en 1983, présenté comme « tournant de la rigueur ») et non le retour de certains de ses fondamentaux dans un spectre décisionnel enrichi (et « rigoureux »). De la même manière que je rappelais plus tôt que l'économie, comme science, n'est que le produit de l'histoire et des pratiques des hommes, qu'elle vient tenter de comprendre et de théoriser, il ne peut y avoir de politique économique sans compréhension de l'ensemble des décisions « micro » qui sont en jeu, et dont les indicateurs macroéconomiques ne sont finalement que le résultat agrégé.

Une autre figure de l'élite économique, administrative et politique française est celle de l'ingénieur. Et, en son sein, de l'ingénieur polytechnicien. L'X, c'est l'inconnue des équations. De sorte que si le versant « littéraire » des dirigeants et dirigeantes français pense une économie à large spectre au risque du flou, son versant « ingénieur » privilégie une approche plus technique et circonscrite. Les uns et les autres ne se sont longtemps pas compris. Les littéraires ont tendance à « oublier » le réel au motif des idées quand les X ne font pas toujours l'effort de comprendre les enjeux de l'économie, qui ultimement doivent répondre aux préoccupations des humains.

Encore une fois, on l'aura compris, cette partition que je m'autorise ici est destinée à faire saisir une tendance, non une vérité brute : on sait d'excellents ingénieurs absolument soucieux de l'humain – comme Marcel Boiteux, agrégé de mathématiques, dirigeant d'EDF dont il refonda comme jeune ingénieur le système de tarification, et parmi les économistes français les plus reconnus à l'étranger – et des littéraires très conscients des contingences matérielles.

Reste que cette configuration française, sur le plan général, a quelque pertinence. Mathieu Perona, qui me la racontait, m'a rassurée néanmoins : de son poste d'observation privilégié au Cepremap[1], il constate ces temps-ci comment ces deux univers souhaitent de plus en plus développer un langage partagé, à la faveur du développement des sciences cognitives.

L'apport des sciences cognitives

Ce n'est pas un hasard si celles-ci jouent les bons offices entre « littéraires » et « ingénieurs ». En associant la psychologie, la linguistique, l'intelligence artificielle, les neurosciences, mais aussi l'anthropologie, la sociologie ou la psychologie sociale, elles se situent au cœur des grands enjeux contemporains. En effet, l'économie de la connaissance, les questions liées aux progrès foudroyants de l'IA, la question des fake news et des théories du complot, les problématiques liées au nudge (cette « manière d'organiser l'environnement des individus pour faciliter la prise de décisions peu intuitives mais utiles au corps social dans son ensemble[2] ») sont toutes susceptibles d'être

1. Centre pour la recherche économique et ses applications, dirigé par Claudia Senik, qui y a succédé en 2023 à Daniel Cohen.
2. Coralie Chevallier, chercheuse Inserm en sciences cognitives et comportementales à l'École normale supérieure. Voir également son livre

éclairées par les sciences cognitives. Elles représentent l'alliance entre les deux cultures, littéraire et scientifique, qui ont malheureusement divergé en Occident, et tout particulièrement en France, dans le courant du XIXe siècle[1].

Si les littéraires et les matheux s'y intéressent, c'est que, tout en y reconnaissant leurs tropismes naturels, ils y comprennent aussi plus clairement les intérêts de l'autre « camp ». C'est bien pourquoi l'économie comportementale ouvre des perspectives passionnantes. Je situe en effet ma conception de l'économie dans cette même logique réconciliatrice, acharnée à décloisonner les différentes chapelles : les macroéconomistes contre les apôtres de la micro, les purs mathématiciens contre les « gestionnaires », les libéraux contre les keynésiens, etc. Ce qui m'intéresse bien davantage est de comprendre « comment ça marche », et pour tous les sujets qui intéressent le dirigeant, de soulever le capot pour voir le moteur.

---

co-écrit avec Mathieu Perona, *Homo Sapiens dans la cité : mettre la psychologie au service des politiques publiques*, Paris, Odile Jacob, 2022.

1. Voir sur ce point le célèbre ouvrage de Charles Percy Snow, *Les Deux Cultures*, Paris, Jean-Jacques Pauvert, 1968 [1959].

Deux exemples concrets. La micro-économie d'abord. Elle est, pour moi, tout à fait indispensable. De quoi s'agit-il ? La « micro » est une branche de la science économique qui étudie les comportements des individus pris en tant que consommateurs et producteurs, considérés comme « rationnels » (rationnels économiquement, mais aussi axiologiquement, c'est-à-dire relativement à des valeurs) et qui évoluent sur un marché. Née à la fin du XIXe siècle, la microéconomie a peu à peu complexifié ses modèles pour comprendre les stratégies plurielles des individus. Mathématique au départ, elle a fait place aux approches des sciences humaines. Les gares, dont je dirige le fonctionnement à la SNCF, sont un extraordinaire laboratoire d'observation des comportements ; j'aurai l'occasion d'y revenir dans le prochain chapitre.

Second exemple, l'économie industrielle, que j'évoquerai dans le troisième chapitre de cet ouvrage. C'est la seconde jambe, fondamentale pour moi, de l'économie, qui se prolonge à la suite des travaux de Jean-Jacques Laffont et de Jean Tirole dans ce que l'on appelle la théorie des jeux. Née dans les années 1940 aux États-Unis, l'économie industrielle traite du comportement des entreprises sur leur marché, lequel, contrairement à la théorie classique, est toujours imparfait puisque certaines entreprises, plus puissantes que d'autres, contribuent à le façonner. Assez théorique à son commencement, l'économie industrielle s'attache aujourd'hui à des travaux beaucoup plus applicatifs : comment s'assurer que la performance des marchés soit bonne sur le plan économique tout en étant utile à la collectivité ? Comment, pour un dirigeant, concevoir son modèle économique dans le cadre d'interactions de plus en plus complexes avec des entreprises partenaires ou concurrentes ? Comment le modèle régulatoire, pour des activités à impact élevé sur la société (énergie, transport, télécoms), permet de penser à nouveaux frais cette condition imparfaite des marchés ?

Les valeurs d'usage de l'économie

Au fond, toutes ces questions reviennent à déterminer quelles sont les différentes « valeurs d'usage » de l'économie, ses différentes utilités ? Comment arbitrer entre elles ? L'économie doit-elle créer de la richesse ? Produire du bien-être collectif ? Précéder le politique ou au contraire en découler ? Être descriptive ou prescriptive ? Quant à moi, je la crois avant tout

« naturelle », au sens où c'est la forme que les hommes donnent spontanément à leurs interactions. Dans mon parcours professionnel, je réalise m'être tenue à l'intersection de nombreux usages de l'économie. Comme professeure de SES, j'essayais toujours de faire saisir à mes élèves que l'économie servait concrètement leur inscription dans le monde, qu'elle était utile comme peut l'être une chaussure chez Aristote[1] : pour créer de l'activité, pour arpenter les sentiers souvent tortueux des sociétés modernes. Comme banquière ensuite, au Crédit Agricole, à La Banque Postale, puis plus brièvement chez HSBC, j'ai tenu ensemble, je crois, les besoins des individus, à l'échelle microéconomique, et la circulation monétaire, l'octroi d'un crédit étant toujours un levier de croissance fabriquant de l'économie « en grand ». Aujourd'hui, en tant que directrice générale de Gares & Connexions et responsable de la Transformation du groupe SNCF, je continue de réfléchir et d'organiser l'économie à travers son utilité pour la communauté. C'est peut-être également cela ma conception de l'économie : discerner les « individus » plutôt que les « acteurs » de la science économique, leur

1. Dans sa *Politique*.

prêter une volonté davantage qu'un « comportement », qu'il soit « maximisateur » ou « utilitariste ». Une économie concrète, utile, émancipatrice.

2
Mon économie bout à 360 degrés, ou les drôles de formules de la microéconomie

Les raisons de l'autre

Ce que j'aime le mieux, dans mon quotidien de dirigeante, ce sont les situations très concrètes posées par la délicate horlogerie du fonctionnement de l'entreprise. C'est alors que ma nature profonde trouve à s'exprimer avec le plus d'utilité et, parfois, en tout cas je l'espère, avec le plus de pertinence. Beaucoup de dirigeants – élus, hauts fonctionnaires ou chefs d'entreprise – ont souvent cette préoccupation de laisser leur marque dans l'histoire. Dans l'histoire de leur entreprise, dans l'histoire de la politique française : avoir une loi à son nom, être l'instigateur de telle entrée en Bourse ou opération de rachat.

De toute évidence, c'est souvent en voulant « marquer l'histoire » qu'on parvient à le faire. Admiratrice de la figure de Napoléon, de sa formidable capacité d'entraînement, j'aurais mauvaise grâce à critiquer de manière caricaturale une telle attitude. Je crois cependant que ce qui détermine ma préférence pour le « micro », c'est justement un certain rapport au réel dans sa composition élémentaire, aux gens dans la prise en considération de leur singularité et à l'efficacité dans la mise en œuvre de l'action.

Je prendrai un exemple : lors de toute discussion entre un dirigeant et les organisations syndicales, le « rapport de force » semble être le passage obligé, a fortiori dans les entreprises comme celles dans lesquelles j'ai exercé et je continue d'exercer. Tout est cependant question de point de vue : au lieu de n'avoir à l'esprit, fondamentalement, que le point d'arrivée souhaité de la négociation, j'ai compris au fil du temps que c'est la discussion elle-même qui compte, ce que me disent mes interlocuteurs, ce qu'ils mettent en exergue, leur façon de le dire, en somme ce qu'ils sont et font.

Il faut bien sûr avoir en tête les données globales de l'entreprise, les enjeux de la discussion, avoir conscience de ce qu'on peut et ne peut pas faire, mais j'essaie de ne pas concevoir ces données comme les bornes d'un terrain à gagner ou à céder.

Percevoir l'implicite dans les demandes, les contraintes qui s'imposent à nos interlocuteurs, les respecter absolument pour cela : autant de conditions élémentaires pour avoir un échange de bonne qualité. À la réflexion, c'est peut-être un autre héritage de mon passé d'enseignante, et de ma découverte, plus jeune, de l'économie : l'enjeu est moins de savoir qui a raison et qui a tort, qui sait ou non ce qui est vrai, mais quels sont les arguments de chacun, sur quoi ils sont fondés, les marges de rapprochement, et ce qu'on apprend de ce cheminement.

Il s'agit en fait de faire confiance pour gagner la confiance. Jean-Paul Bailly, ancien grand dirigeant de la RATP puis de La Poste, a méticuleusement travaillé sur cette notion[1]. De sa réflexion et de sa pratique, j'ai retenu que nul n'est par principe hostile aux réformes, aux adaptations que nécessite un monde changeant, exigeant, plein d'opportunités mais aussi source d'angoisses. Or, donner, en tant que dirigeant, l'impression que le corps social d'une entreprise est toujours d'abord rétif aux évolutions, c'est prendre le risque de créer soi-même la

1. Il faut lire son ouvrage stimulant *Réformez ! par le dialogue et la confiance*, chez Descartes et Compagnie, publié en 2016.

crise – en dépit d'éventuelles réussites ponctuelles. La confiance en l'autre, qu'elle soit héritée de l'enfance ou construite au cours de sa vie personnelle ou professionnelle, c'est très utile dans une négociation.

J'ai beaucoup réfléchi à cela : cette confiance que j'accorde ne vient pas d'une anthropologie, rousseauiste pour faire simple, consistant à dire que l'homme est naturellement bon puis perverti par la civilisation. Elle est moins spéculative, et bien davantage liée à ce que je sais et comprends de l'économie, et plus spécifiquement de la microéconomie ou de l'économie comportementale. J'ai eu l'occasion de définir brièvement la « micro » un peu plus avant dans ces pages. Cette branche de la science économique, au lieu de commencer par parler des grands agrégats de l'économie, s'intéresse d'abord aux comportements des acteurs économiques, à leurs choix et à leurs préférences. Or ce sont bien les choix et les préférences des individus qui fondent la rationalité en économie. La vraie question, à la fois un peu théorique mais aux conséquences éminemment concrètes, revient à savoir ce qui fonde ces choix et ces préférences. De la réponse à cette interrogation on peut inférer, comme dirigeant ou chef d'entreprise, différentes attitudes à l'endroit des gens avec qui l'on travaille.

L'économie entre raisons et sentiments

Longtemps, le choix et les comportements des acteurs ont été analysés à travers l'idéal-type de l'*Homo œconomicus*, bien connu des lycéens et des étudiants en économie. Cette représentation théorique du comportement humain, à la base du modèle néoclassique, du Britannique John Stuart Mill au Français Léon Walras, postule que les « agents économiques » sont rationnels, calculateurs et maximisateurs de leurs intérêts. En situation de marché, l'individu-consommateur agit de manière à obtenir au meilleur coût les meilleurs biens ou services dont il estime avoir besoin, les entreprises cherchant quant à elles à maximiser leurs profits. Dans un tel cadre, la confiance est moins interindividuelle que liée aux « anticipations rationnelles » des risques et opportunités que comporte le système.

Pourtant, avec Max Weber, il apparaît que cette pure rationalité instrumentale, où règnent en maîtres les mathématiques, est incomplète. Pour le grand sociologue allemand, auteur de *L'éthique protestante et l'esprit du capitalisme*, la rationalité axiologique, ou rationalité en valeur, oriente tout autant les actions des individus selon des principes subjectivement retenus comme raisons légitimes ou fins ultimes pour agir. Les gens ne se préoccupent alors pas prioritairement des résultats de l'action, ni de leur intérêt « calculé », mais agissent en fonction de préférences d'ordre moral. Pierre supplémentaire dans le jardin d'*Homo œconomicus*, voilà que les individus peuvent même se comporter irrationnellement ! C'est là l'apport, notamment, du sociologue et économiste italien Vilfredo Pareto. Il montra, contre Léon Walras, son prédécesseur à la chaire d'économie politique de l'Université de Lausanne, que nombre de nos décisions ne sont pas logiques au regard de la théorie, sans qu'elles renvoient non plus à des choix axiologiques clairs. En fait, se manifestent chez les individus de multiples traces, habitudes sociales, croyances, peurs, qui interviennent dans leurs prises de décision. Cela ne congédie nullement les mathématiques en microéconomie, mais cela en nuance l'empire. La confiance accordée aux individus, dans ce cadre, est tout autre : elle ambitionne de renforcer la part prise par l'individu lui-même au bon fonctionnement d'un système vaste, complexe, mais sur lequel on peut agir.

Aujourd'hui, la microéconomie apparaît riche de toutes ces évolutions conceptuelles. Depuis les années 1970, elle prend en compte, dans ses modèles, l'imperfection de l'information sur les marchés et, surtout, l'existence d'interactions entre les individus dans leurs prises de décisions économiques. Elle s'est ouverte à la théorie des jeux, à l'économie de l'information et, c'est essentiel, à l'économie comportementale qui, précisément, travaille à expliquer pourquoi les gens adoptent des comportements pouvant *apparaître* comme irrationnels, ou paradoxaux, ou marqués par des biais cognitifs. Le verbe « apparaître » est important. Il ne s'agit pas de faire le deuil de la rationalité, mais d'ouvrir son champ d'exercice à d'autres ingrédients, que la théorie de l'*Homo œconomicus* laissait de côté. Nourrie par la statistique, les mathématiques, les sciences cognitives et les sciences humaines, l'économie devient une pratique faisant feu de tout bois, capable d'éclairer beaucoup d'aspects de notre existence collective.

Bon sens et « effet cobra »

Comme simple praticienne de l'économie au quotidien, je ne peux mettre en œuvre que ce que j'appelle mon « intuition informée » en la matière. Mais que ce soit avec les organisations syndicales que j'évoquais plus haut, avec mes proches collaborateurs, à l'endroit des usagers des gares de la SNCF, je conserve quelques idées simples et fortes qui guident mes décisions : comprendre les raisons de l'autre, se mettre à sa place (ce qui pour moi est l'autre nom de l'intelligence), examiner ce qui, dans ces raisons, relève du registre de la revendication, des émotions, des sensibilités, pour, en faisant confiance, contribuer à augmenter la capacité d'agir de toutes les parties prenantes. En somme, ma microéconomie bout à 360 degrés. Derrière la boutade, une conviction bien ancrée : le bon sens est essentiel et requiert que nous regardions tous les paramètres du comportement des individus, sans exclusive. Pas seulement sa tendance – pourtant réelle – à optimiser sa satisfaction en fonction de ses ressources, mais aussi celle – non nulle ! – consistant à privilégier des actions individuelles dont il pense que si elles sont également effectuées par son voisin, alors la collectivité tout entière pourra en bénéficier.

Mathieu Perona, déjà cité dans ces pages, travaille beaucoup sur ces questions liées à l'économie comportementale. Il se désespère que les politiques publiques, notamment, manquent trop souvent leur cible quand elles s'essaient à modifier les comportements des citoyens par l'obligation, l'interdiction, la taxation ou la dépense publique, c'est-à-dire par des leviers postulant un comportement utilitariste et maximisateur des individus, en un sens malheureusement beaucoup trop restrictif. Car s'il n'est pas aberrant, en soi, de miser sur la volonté des gens de maximiser leur intérêt, encore faut-il alors bien comprendre quels intérêts ils poursuivent, ceux-ci étant infiniment plus variés que ce que postule la théorie de l'*Homo œconomicus* « à l'ancienne ».

À ce titre, l'exemple de « l'effet cobra » est bien connu. Voici l'histoire : à l'époque du régime colonial britannique, l'Inde est victime d'une prolifération inquiétante du nombre de cobras dans les rues de New Delhi. Pour lutter contre cette menace, le gouvernement se propose d'offrir une prime pour chaque cobra tué. D'abord payante, la stratégie se retourne contre le gouvernement quand des élevages de cobras sont mis sur pied à seule fin de permettre facilement l'obtention de davantage de primes. Lorsque le gouvernement suspend cette politique, les cobras devenus inutiles sont rejetés dans la nature, leur nombre final étant supérieur à leur nombre initial. Où l'on voit, au terme de la fable, que des politiques publiques trop caricaturales, dans leur volonté de modifier le comportement des individus sous le seul angle d'un intérêt bien compris, finissent par manquer cruellement leur cible. Les hommes poursuivent-ils leur intérêt ? Sans doute. Mais d'intérêts, ils en ont souvent plusieurs, et qui parfois se contredisent, se complètent, se corrigent. Le prix Nobel d'économie Jean Tirole a montré dans ses travaux l'incroyable sophistication des interactions interindividuelles[1]. S'il n'est pas le lieu ici de rentrer dans un tel degré de complexité, retenons que les dirigeants doivent se garder d'agir en *deus ex machina* lorsqu'ils se mêlent de modifier les comportements : les effets de bord sont nombreux et il leur faut avancer plein de circonspection et d'humilité.

Pour Mathieu Perona et sa co-auteure Coralie Chevallier, il s'agit donc de nuancer *œconomicus* et de reconsidérer *sapiens*. L'homme est complexe, perclus de biais cognitifs, tantôt altruiste et tantôt « passager clandestin » lorsqu'il profite d'une action collective en s'épargnant la fatigue d'y prendre part… Il s'agit pour les deux auteurs, en valorisant la coopération, en travaillant la notion de réputation et celle d'équité, de concevoir une action publique plus efficace, qui puisse susciter des changements positifs dans nos manières d'agir. Non pas en fantasmant un

1. Voir notamment, de Jean Tirole, *A Theory of Incentives in Regulation and Procurement* (avec J.-J. Laffont), Cambridge (Ma), MIT Press, 1993.

homme qui n'existe pas, mais en le voyant tel qu'il est, ce qui, je le répète, est le fondement de la science économique telle que je l'aime.

La gare, laboratoire grandeur nature

La gare se prête admirablement à de telles réflexions, moins peut-être à certains leviers envisagés pour en améliorer l'usage. Elle est un lieu d'observation sociale d'une extraordinaire richesse. Des milliers, parfois des dizaines de milliers de voyageurs s'y croisent, autant de destins qui se frôlent, se côtoient, mus par des millions de pensées, par autant d'humeurs, de soucis, de convictions. Tout cela a lieu dans un bâtiment soumis à des enjeux de sécurité importants qui nécessitent une gestion méticuleuse des flux, une architectonique sophistiquée faite de signalétique, d'organisation industrielle au cordeau, de logistique (propreté, sécurité, achalandage des magasins en gare). Comment articuler les besoins de chacun et ces contraintes structurelles ?

Je crois que nous avons fait beaucoup de choses intéressantes, notamment à travers le programme « Donner envie de gare et donc envie de train ». Cela suppose des gares efficaces, pratiques, modernes et... plaisantes, car ce sont des lieux de beauté architecturale et des lieux d'émotions, de vie et d'échanges. Nous avons notamment redéfini la gare comme étant ce *lieu où l'on prend le train*. Cela peut sembler un truisme, mais il a pu être question un temps d'en faire un lieu de poly-activité, une sorte de super centre urbain. Or les usagers de la gare l'identifient comme un lieu très fort, lié à l'univers du voyage auquel il faut l'arrimer fermement. Le renforcement des activités de restauration, qui chez nous, Français, est indissolublement attachée au plaisir et à la convivialité, est un levier important de notre stratégie. Lorsque certaines gares s'avèrent, par ailleurs, des lieux commerciaux qualitatifs et prisés, comme la gare Saint-Lazare, tant mieux ! Mais ce n'est que parce qu'elles sont des gares exemplaires qu'elles peuvent également devenir autre chose ensuite, non antérieurement ni même concomitamment.

La gare, parce qu'elle est en réalité un bâtiment industriel accueillant du public, au demeurant construit au cœur des grandes villes en un temps où les flux de personnes n'étaient pas les mêmes, n'a pas toute latitude. Mais la compréhension fine du comportement des voyageurs est chose essentielle pour essayer de remédier aux problèmes lorsqu'ils se posent.

Veut-on un exemple de ce que cette attention aux comportements peut apporter à la prise de décision ? Il est intéressant de constater, en gare, que le comportement des voyageurs patientant dans l'attente de leur train est pacifié, courtois, souvent même affable. Les choses se compliquent dans le sens d'une plus grande âpreté sociale à partir du moment où la voie de leur train est annoncée. Ce qui est intervenu entre les deux instants ? Le sentiment de rareté : de place dans la queue, de temps pour accéder au train, de place pour loger ses bagages. L'identification de ce mécanisme permet de travailler à des solutions visant précisément à atténuer, voire à supprimer, ce sentiment de rareté. La technologie permet beaucoup : avec l'application « Ma Gare SNCF », les voyageurs ont sous leurs yeux, sur leur smartphone, le tableau des départs et des arrivées en temps réel.

La gare résiste pourtant à certains leviers d'actions répertoriés par les spécialistes de l'économie comportementale. Les gares apparaissent de prime abord comme un terrain privilégié pour mettre en valeur un des concepts fondamentaux de l'économie comportementale, qu'on appelle « l'architecture de choix ». Il s'agit, en fait, de présenter aux voyageurs différentes options pour essayer de leur faire privilégier tel comportement, qu'on souhaitera voir se généraliser, comme l'altruisme, le respect des files d'attente, la citoyenneté bienveillante, etc. Mathieu Perona et Coralie Chevallier identifient trois leviers principaux pour sensibiliser les individus à certains comportements plutôt qu'à d'autres : le levier réputationnel, le sentiment d'équité et la coopération. Mais Mathieu Perona est sceptique sur leur application à l'univers de la gare, et le dit sans détour. Pour lui, l'anonymat du voyageur en gare ne favorise guère le levier réputationnel puisque les visages croisés ne le seront qu'une seule fois. L'équité, ou sa perception, est difficile à maîtriser, tant diffère la situation – et donc les usages de la gare – d'un navetteur quotidien, d'une famille en vacances ou d'un lycéen rentrant de pension le week-end. Enfin, la logique de coopération trouve de moins en moins à se voir valorisée dans un univers devenu plus marchand, produisant un effet de cadrage important où le voyageur finit par intégrer qu'il a droit à ce qu'il a payé, n'entendant pas faire davantage dans un lieu où le non-marchand s'étiole.

Si de nombreux services sont gratuits en gare, que des milliers d'assises ont été renouvelées et installées, et que nos notes de satisfaction clients sont bonnes, il est vrai que les équilibres marchands/non marchands à maintenir sont instables. Sur l'apport des nouvelles technologies dans « l'expérience voyageur », là encore, l'équilibre n'est pas toujours optimal. Les applications dont s'emparent les usagers en sont un bon exemple. D'un côté, elles nous redonnent cette « agentivité » dont j'ai eu l'occasion de parler. Elles permettent d'être maître de son voyage, de le modifier, de le planifier. Mais en un autre sens, elles sont une autre forme de « charge mentale » et d'anonymisation. En outre, leur utilité maximale joue par temps calme, quand tout se passe bien.

Architectures de choix et homme tous azimuts

D'une façon plus générale, il s'agit d'être curieux et avide de tous les apports de la microéconomie moderne. Elle doit nous permettre de comprendre toujours plus finement les préférences des individus, de nous comprendre collectivement. Et puis elle doit bien prendre soin de ne pas donner le sentiment de manipuler ou de contraindre les gens, de les considérer depuis en haut. Ce n'est certes pas l'objectif du *nudge* (« coup de pouce »), cet aspect de « l'architecture du choix » qu'ont mis en valeur Richard Thaler et Cass Sunstein[1], et qui vise à orienter, par

1. *Nudge ; la méthode douce pour prendre les bonnes décisions*, Paris, Vuibert, 2008.

un geste « simple et facile à esquiver », « le comportement des gens de manière prévisible sans leur interdire aucune option ni modifier de manière significative leurs motivations économiques. » Soit. Mais on est bien obligé d'être attentif à la critique dont a fait l'objet la notion, parfois renvoyée à une sorte de paternalisme 2.0.

Écouter, analyser, expérimenter, rester au contact, toujours. Au lycée, il s'agissait de transmettre des connaissances à de tout jeunes élèves pour qu'ils articulent leur expérience de la vie au fonctionnement du social. Au Crédit Agricole, en m'occupant de l'octroi des crédits aux petites entreprises et aux particuliers, je sillonnais mon terrain, pour rencontrer des publics parfois très éloignés de l'univers bancaire et les insérer dans l'activité réelle.

Aujourd'hui, à la SNCF, je reste obsédée par cette connexion des mondes, des disciplines. Et je retiens cette réflexion de la chercheure Ingela Alger, si fascinante, si prometteuse, et qui n'est rien d'autre que l'illustration d'une sorte d'« effet réversif de l'évolution[1] » : en modifiant son environnement,

1. J'emprunte cette expression à l'historien des sciences et spécialiste du darwinisme Patrick Tort, pour qui Darwin a montré, dans son

lui-même soumis à des conditions plus ou moins rudes, l'homme a développé ici et là des choix de société différents pour compléter et/ou compenser le surplus ou la faiblesse de ses ressources. Ainsi l'homme ne se préoccupe-t-il pas uniquement de son bien-être matériel, mais tout autant de savoir si son bien-être matériel est équivalent, inférieur ou supérieur à celui de son voisin, et parfois même si le bien-être matériel global de sa communauté pourrait être supérieur dans l'hypothèse où son voisin adopterait les mêmes choix que lui. *Œconomicus*, *Sapiens* et *Moralis* : l'homme à 360 degrés.

---

ouvrage *La filiation de l'Homme*, que la civilisation, née de la sélection naturelle des instincts sociaux et de l'intelligence, promeut la protection des faibles à travers l'émergence des sentiments, du droit et de la morale.

3
Portrait de la dirigeante en mécano, ou la boîte à outils de l'économie industrielle

Moteur !

Dans un remarquable essai[1] à la croisée de la philosophie, de l'économie, de l'anthropologie et de l'art mécanique, le philosophe et réparateur de motos Matthew B. Crawford, Richmond, Virginie, s'est livré au début des années 2010 à un éblouissant plaidoyer pour les métiers manuels, pour l'intelligence pleine qu'ils requièrent et les bénéfices psychiques, économiques et sociaux qu'ils procurent. On ne trouve aucune trace de romantisme « intello » dans cet éloge qu'une communauté grandissante de lecteurs s'échange et se recommande, ni de dégagements lyriques sur ces « nobles » et « humbles » métiers qui

1. Matthew B. Crawford, *Éloge du carburateur. Essai sur le sens et la valeur du travail*, Paris, La Découverte, 2010 [2009].

seraient, par essence, plus « authentiques » ou plus « démocratiques » que les autres... Non, ce qui intéresse Crawford, c'est montrer en quoi soulever le capot d'un moteur à combustion interne (mais sa démonstration s'applique à l'ensemble des activités dites manuelles) permet de comprendre de quoi le réel est fait, comment « ça » marche. Un « comment ça marche ? » à comprendre au sens large : la question renvoie à une connaissance concrète et pratique du fonctionnement des objets techniques (bielles, culbuteurs, arbre à came, vilebrequin pour ce qui concerne son quotidien de mécano), mais tout autant à ce qui, dans le maniement de ces objets, rend à l'homme qui s'en saisit sa fonction, son utilité, son estime de lui-même. Avant d'être *œconomicus* ou *moralis*, l'homme a commencé par être *habilis*.

Contre la divergence du « faire » et du « penser »

En réexpliquant la richesse du lien entre le « faire » et le « penser », le mécanicien réconcilie ce qu'une partie de la modernité – pour le dire rapidement tayloriste, post-industrielle, servicielle, managériale – avait contribué à faire diverger. « Soulevez le capot de certaines voitures (surtout si elles sont de marque allemande), observe-t-il, et, en lieu et place du moteur, vous verrez apparaître… un autre capot sous le capot ». Les cylindres et les bobines d'allumage (le constat vaudrait aujourd'hui pour les groupes motopropulseurs électriques ou les inviolables boîtiers des iPhone) sont encapsulés sous des caches de plastique donnant au moteur l'apparence d'une rutilante armure. Thèse de Crawford? De cet éloignement du réel, de cette *dissimulation*, nous souffrons terriblement. « Ce que les gens ordinaires fabriquaient hier, aujourd'hui, ils l'achètent; et ce qu'ils réparaient eux-mêmes, ils le remplacent intégralement, ou bien louent les services d'un expert pour le remettre en état ».

Ce qu'établit dans son domaine notre philosophe mécanicien, je me l'applique comme praticienne de l'économie. Pour moi, en effet, presque davantage qu'une science, en tout cas à part égale avec elle, l'économie est une boîte à outils à triple fond dans laquelle je trouve à volonté les instruments les mieux adaptés pour ouvrir non plus le capot du moteur, mais le couvercle du social: grâce à l'économie, je peux espérer comprendre, puis diagnostiquer, réparer ou construire, avec d'autres bien sûr, cette machinerie sophistiquée qu'est la collectivité humaine.

La pratique de cette économie nous fait prendre conscience de nous-mêmes comme créateurs de valeur et de cohésion sociale. Faire de l'économie une pratique tangible, c'est certes en avoir une vision utilitaire et fonctionnelle, mais tout autant s'y réaliser « existentiellement ». Une économie concrète, utile et émancipatrice permet de réaliser ce que le philosophe Alexandre Kojève dit de l'homme dans son rapport au travail : « L'homme qui travaille reconnaît dans le Monde effectivement transformé par son travail sa propre œuvre : il s'y reconnaît lui-même, il y voit sa propre réalité humaine, il y découvre et y révèle aux autres la réalité objective de son humanité[1] ». Faisant de l'économie chaque jour, et parfois d'ailleurs comme M. Jourdain de la prose, sans le savoir ou sans même y penser, je ressens une satisfaction identique. La sérénité profonde, que mon activité de dirigeante d'entreprise donne à ma vie, est jumelle du sentiment évoqué par Kojève : je me reconnais comme appartenant à la communauté des hommes en travaillant, à ma mesure, avec et pour eux, *en économiste*.

1. Alexandre Kojève, *Introduction à la lecture de Hegel*, Paris, Gallimard, 1980.

Cette économie « boîte à outils » mobilise le faire et le penser, le technique et le réflexif, la fermeté du geste et la sûreté du diagnostic. Pourtant, la divergence croissante du « faire » et du « penser », qui a caractérisé le monde occidental depuis la moitié du XIXe siècle, n'a pas épargné davantage l'économie. Tant et si bien que le dialogue entre ceux qui font l'économie – chefs d'entreprises, PME, professions libérales, grands groupes internationaux, entreprises de service public, acteurs de la santé, de la culture, de l'éducation – et ceux qui la pensent – professeurs, chercheurs, directeurs du Trésor, banquiers centraux, etc. – a eu tendance à se morceler, voire à se tarir. Pour avoir trop longtemps évolué dans des couloirs de nage parallèles, ces deux mondes ont donné de l'économie, dans les opinions publiques, une perception négative. Taux de croissance, PIB, inflation, agence de notation, dette et déficit ont fini par n'être plus que les manifestations d'un ordre du monde lointain, vu comme oppressif et inégalitaire. Du côté des « faiseurs », la perception par l'opinion d'une efficacité déshumanisante a terni leur image; du côté du monde académique, quoique l'existence de plusieurs courants de pensée soit naturelle, on reste pantois devant son incapacité à s'accorder sur un diagnostic élémentaire de la situation économique d'un pays, comme si les canevas théoriques (idéologiques ?) n'avaient plus qu'un très lointain rapport avec le réel.

Harvard et Chicago

Il existe toutefois une branche de l'économie qui permet, mieux que beaucoup d'autres me semble-t-il, de lever l'hypothèque pesant sur la science économique, du double point de vue de la prise en considération du réel et de sa tentative de réhabilitation auprès du grand public. Son nom ? L'économie industrielle. Les saint-simoniens ne se seraient pas posé la question d'une *économie industrielle* (pour eux, toute l'économie relevait, au fond, de la seule industrie). La chose va moins de soi dans la seconde moitié du XXe siècle, lorsque le face-à-face des démocraties libérales et des régimes communistes, la mathématisation de la discipline puis la domination de l'École de Chicago ont pris l'essentiel de la place dévolue à l'économie dans le débat public. L'économie industrielle, c'est ce département de la science économique qui étudie les comportements des entreprises sur les marchés, et notamment les comportements de celles d'entre elles ayant un « pouvoir de marché ». Celles qui, par leur importance, leur puissance, contribuent à le modeler.

En somme, la discipline étudie cet espace de la vie économique qui ne se réduit pas à la concurrence pure et parfaite, ce modèle théorique dans lequel la transparence de l'information à disposition des acteurs permet à l'offre et à la demande de s'équilibrer autour de l'établissement du prix.

Si l'École de Chicago s'inscrit pleinement dans le cadre de la théorie néoclassique, libérale et monétariste, l'économie industrielle est issue de l'École de Harvard (ou « tradition de Harvard »), où enseignaient ses fondateurs, Edward Mason et Joe Bain. En France, on doit sa diffusion au grand économiste Jean-Marie Chevalier, membre fondateur du Cercle des économistes[1]. Complétée par la théorie des jeux, dont le prix Nobel d'économie Jean Tirole est l'un des praticiens de haut vol, l'économie industrielle met en lumière la complexité des interactions entre les entreprises, et plus généralement les interactions entre les entreprises, les pouvoirs publics et les consommateurs, interrogeant ainsi l'écart existant entre l'économie réelle et le modèle général de la concurrence pure et parfaite. Cet « écart » est décisif. C'est à partir de lui que l'on peut agir sur le réel pour

1. Jean-Marie Chevalier, *L'Économie industrielle en question*, Paris, Calmann-Lévy, 1977.

le transformer et l'améliorer, mais aussi, et peut-être surtout, que l'on peut répondre au second objectif initial de l'économie industrielle dans l'esprit de ses concepteurs : l'évaluation de la performance des marchés en termes d'efficacité et de bien-être collectif.

L'économie industrielle, ou l'art de « nommer les choses »

J'aurai l'occasion de revenir sur cette question fondamentale du bien-être collectif au prochain chapitre. Mais attachons-nous à cette question de l'efficacité. Tandis que je réfléchissais à cet ouvrage, j'ai eu l'occasion de m'entretenir avec Joëlle Toledano, professeure émérite des Universités en économie, membre du Conseil national du numérique et de l'Académie des Technologies. Outre son exceptionnel parcours, j'ai été frappée par cette phrase qu'elle m'a soufflée et que je crois clef : « L'économie industrielle me sert à nommer les choses. » Pour l'économiste spécialiste de la régulation, les stocks, le prix, le marché, les concurrents, l'environnement réglementaire, c'est d'abord de cela qu'est faite l'économie. J'ai parlé plus tôt des risques d'une vision trop technocratique des choses. Joëlle Toledano nourrit quant à elle certaines réserves concernant les modèles théoriques en économie, qu'elle juge parfois inefficaces. Seuls les très grands économistes peuvent prétendre à l'établissement de modèles vraiment complets. Jean-Jacques Laffont, Jean Tirole, personnalités éminentes de l'École d'économie de Toulouse, sont de ceux qui sont parvenus à appréhender le réel grâce à un canevas théorique.

Mais pour quelques chercheurs d'exception, combien d'économistes modélisateurs qui finissent par gauchir le réel afin de ne pas être trop démentis ! Cela n'est d'ailleurs en rien une spécificité de l'économie : qu'il s'agisse de sciences humaines ou de sciences « dures », l'aller-retour avec le réel, à travers l'observation et l'expérimentation, est indispensable pour définir des concepts qui résistent à l'épreuve des faits. Comme l'écrivait Durkheim dans *Les règles de la méthode sociologique*, il faut étudier les faits sociaux comme des choses, dans ce qu'ils ont de concret et d'observable, de « normal » ou de « pathologique », en se défaisant autant que possible de ses propres biais, personnels comme méthodologiques.

Ce goût pour les modèles peut parfois retarder la prise en compte des fondamentaux d'un secteur économique donné. Joëlle Toledano en a été surprise a de multiples reprises dans sa carrière professionnelle, notamment lorsqu'elle a travaillé au groupe La Poste à partir de 1993, avant d'en devenir, en 2001, la directrice de la régulation. Arrivée dans l'entreprise publique, elle se met « tout bêtement » à travailler sur l'économie de la distribution du courrier et se rend compte qu'il y a loin entre celle-ci et ce que l'on en dit à l'époque dans certains cercles économiques, à savoir que la distribution du courrier serait une activité condamnée à connaître une baisse tendancielle et fatale de sa rentabilité.

Comme elle le souligne alors avec son complice Bernard Roy, il n'y a rien de plus trompeur que l'économie du courrier. Il est faux de dire, par exemple, que distribuer du courrier en France serait plus coûteux que le distribuer en Allemagne au seul motif que la France est un pays à la densité moindre. En l'espèce, le problème n'est pas celui de la densité *géographique*, mais celui de la densité *linéaire*[1].

Reste que La Poste a été percutée par deux crises majeures : la quasi-disparition de la lettre du fait du développement du courrier

1. Pour une analyse détaillée de l'économie du courrier, voir *Économie postale. Les Fondements*, sous la direction de Joëlle Toledano, Paris, Economica, 2004.

numérique, et le bouleversement du marché du colis, avec le déploiement d'Amazon. Afin de répondre à ces deux défis, La Poste a, à la fois, réorienté ses méthodes – par un réarmement sur la logistique du colis pour faire face au géant américain – et son modèle, en développant ses activités financières, à travers le rapprochement de La Banque Postale et de CNP Assurances.

Pour ce faire, La Poste a ouvert le capot moteur, et analysé les changements à opérer. Cela prend du temps. L'infrastructure postale, qui avait été patiemment construite durant des siècles, depuis Louis XI, et élaboré avec le chemin de fer tant la carte que le territoire, a souffert dans un premier temps d'une vraie attrition désormais enrayée.

L'économie industrielle, ou la compréhension de son business

L'économie industrielle, en offrant une photographie aussi exacte que possible d'un secteur d'activité, prémunit de ces idées fausses pouvant s'avérer destructrices de valeur. En identifiant les conditions de base du business de l'entreprise considérée (tant du point de vue de l'offre que de la demande), en analysant la structure de ses marchés (nombre de vendeurs et d'acheteurs, différenciation des produits, barrière à l'entrée, structure des coûts, etc.), en élaborant une stratégie (politique de prix, politique de R&D, publicité, moyens juridiques), l'économie industrielle vise à obtenir des résultats, fondamentalement liés à la notion d'efficacité. Efficacité dans la production, l'allocation des ressources, l'emploi.

Chez Gares & Connexions, j'ai l'obsession de ce canevas si pertinemment mis en valeur par Jean-Marie Chevalier. Depuis que j'ai la responsabilité d'en être la directrice générale – responsabilité que j'ai toujours vue comme une chance, et non comme une charge –, je me suis attachée à revenir à ce qu'est l'essence d'une gare, soit le lieu… où l'on prend le train. J'ai déjà expliqué plus tôt pourquoi je suis convaincue que la gare, cet extraordinaire alliage d'industriel et de sociétal, de sophistication logistique et de services au voyageur, doit d'abord être dévolue prioritairement au transport et aux trains. Ce qui, déjà, demande d'être beaucoup de choses. Des lieux efficaces, du point de vue de la sécurité, de la propreté, de la qualité de l'information et de l'accessibilité. Des espaces pratiques, où l'on gagne du temps dans un confort de bon niveau, où une proposition commerciale pertinente est proposée aux voyageurs, tant en matière de restauration que de loisirs. Des infrastructures modernes, où la politique environnementale aide à proposer des lieux intelligents, sobres et responsables. Des bâtiments remarquables, car les gares sont des lieux architecturaux souvent exceptionnels, des lieux de brassage et d'échanges qui structurent l'imaginaire des Français, comme le font la mairie, le bureau de poste et la place du village. C'est en étant le plus soi-même dans son business que d'autres développements trouveront éventuellement à s'insérer dans l'univers de la gare, et non dans une ouverture excessive du « concept gare » à ce qui n'en relève fondamentalement pas a priori.

L'économie industrielle, ou naviguer par gros temps

Cet amour pour le « cœur de métier » permet aussi d'adopter une vision « en dynamique » de son secteur d'activité. En fonction de l'analyse scrupuleuse de la situation de son entreprise dans son environnement (son marché), on peut naviguer depuis la transformation défensive (la transformation *contre*) vers une transformation offensive (la transformation *pour*). Bien sûr, la seconde est plus positive que la première, mais il est parfois nécessaire de passer par une conduite fine de celle-ci pour réenvisager celle-là. J'ai eu l'occasion de vivre dans ma carrière, au sein du groupe La Poste puis à la SNCF, ces deux types de transformation, de manière symétrique et inverse. À chaque fois, l'économie industrielle m'a aidée à saisir les moments de basculement qu'ont connus ces deux entreprises publiques, l'une et l'autre étant passées d'un état de marché les installant dans une situation de monopole à un état de marché libéralisé s'ouvrant peu à peu à la concurrence.

Au sein du groupe La Poste, j'ai assisté à une forme d'attrition ou de rétraction. En quelques années, les bureaux de poste avaient connu une chute brutale, considérable, de leur fréquentation. Tandis qu'ils voyaient passer près de 4 millions de personnes par jour dans les années 1990, ce ne sont plus aujourd'hui que quelques dizaines de milliers de personnes qui franchissent la porte des agences postales au quotidien. Le groupe La Poste, soumis à la concurrence depuis 2009, a connu un double mouvement : d'un côté, il est parvenu à incorporer des services financiers plus diversifiés (gestion d'actifs, développement de la gamme de ses prêts, assurance) à son offre bancaire traditionnelle (services bancaires de base, service public de l'accès aux services bancaires de base) ; de l'autre, il a vu se restreindre le marché du courrier, supplanté par les nouveaux moyens de communication, tout en se voyant contester la distribution la plus rentable, celle des colis, par le géant Amazon. Réussite ici, échec là, La Poste continue de voir sa résilience mise à l'épreuve. Mais elle y parviendra, en comprenant l'évolution de ses marchés et les nouveaux enjeux, multiformes, du marché de la distribution, devenu si consubstantiel à nos sociétés connectées, sans pour autant s'excuser d'être ce qu'elle est. Le groupe La Poste acheminait 18 milliards de lettres en 2008, 6 milliards en 2023. Ce choc terrible ne l'a pas empêché, entre 2013 et 2023, de faire croître son chiffre d'affaires de 21 milliards à 34 milliards d'euros. Alors que son cœur de métier était en diminution, elle est parvenue à croître au service de la société, donnant un magnifique exemple de diversification et de transformation réussie.

À la SNCF, que je rejoins en 2020, j'assiste à une autre dynamique, qui est celle d'une très forte croissance de la fréquentation. La conjugaison des nouveaux modes de vie post-Covid, l'appétit croissant des Français pour la découverte de leur pays après d'éprouvants confinements, les vertus indépassables du train en termes climatiques ont dopé le rail, le réinstallant comme carte maîtresse, et même atout cœur, de l'économie française. La situation est-elle sans nuage ? Nullement, et chacun sait les défis de la SNCF. Mais les fondamentaux de l'entreprise ferroviaire sont excellents puisque son activité est puissamment corrélée aux besoins collectifs, dès aujourd'hui mais aussi pour les décennies à venir. Ces perspectives doivent évidemment prendre en compte l'arrivée de concurrents sur le marché du train. Je suis de ceux qui voient sereinement l'arrivée de la concurrence, à condition qu'elle soit saine et loyale. Je suis intéressée de voir que l'arrivée de l'opérateur ferroviaire Trenitalia desservant la ligne Paris-Milan via Lyon, Chambéry, Modane et Turin, puis les trois allers-retours quotidiens entre Paris et Lyon, ont augmenté le nombre de voyages sur ces parcours. Il faut ainsi se garder des « pensées à somme nulle[1] », qui considèrent dans toute situation qu'à un gain pour un acteur correspond forcément une perte. Ce qui compte finalement, c'est l'augmentation totale de la part du train dans les modes de transport dont la SNCF tirera profit au premier chef,

1. On doit ce terme à l'anthropologue américain George Foster, qui l'introduit en 1965 dans *Peasant Society and the Image of Limited Good, American Anthropologist*, 67 (2) : 293-315.

en raison de son histoire et de son excellence opérationnelle. C'est aussi comme ça que l'ambition de doubler la part du rail, d'ici 2030, dans le transport des personnes et du fret – le « X2 » cher à Jean-Pierre Farandou, son PDG – sera une réalité concrète.

L'autre secteur dans lequel j'ai eu l'occasion de « naviguer par gros temps », c'est la banque, au Crédit Agricole puis chez HSBC. Moins sous l'angle de la transformation que sous celui du risque, au cœur des activités bancaires, avec d'ailleurs une profonde interdépendance entre microéconomie et macroéconomie. Côté micro, le risque de proximité : celui du petit crédit d'une PME frappée de plein fouet dans son activité réelle par la hausse des taux et une crise de la demande. Côté macro, le risque systémique, sur le décryptage duquel j'ai beaucoup appris auprès de Jean Beunardeau, lorsqu'il était directeur général chez HSBC. Voir chacun de ces aspects, au Crédit Agricole puis chez HSBC, m'a permis d'avoir une vision protéiforme du risque. Cela me permet également, avec le recul, de me dire que la conviction avec laquelle j'expliquais à mes élèves de lycée qu'il paraissait impossible d'avoir des taux négatifs est une illustration savoureuse qu'il y a toujours loin de la croyance au savoir.

Culture de la transformation…

Nous évoluons dans un monde soumis à de puissants mouvements tectoniques. Après un temps de relative stabilité – du moins apparente – des années 1990 aux années 2000, une série de conflagrations a ébranlé le système monde. Les crises financières, le terrorisme mondialisé, la pandémie de Covid-19, le retour de la guerre sur le sol européen, la rivalité systémique de la Chine et des États-Unis qui bouleverse l'ensemble du commerce et de l'économie mondiale et, de manière existentielle, la crise climatique, mettent à l'épreuve les sociétés et les consensus minima qui, seuls, peuvent les rendre possibles.

On peut certes être agacé de l'inflation de son usage, mais la notion de résilience est utile pour faire sentir ce que réclament ces temps nouveaux, à l'échelle individuelle comme collective. Les notions de progrès, de croissance, de prospérité sont de plus en plus relues à l'aune de ces grands bouleversements pour en interroger les présupposés, en analyser les carences et en proposer la mise à jour. À l'échelle de la dirigeante, je crois que cette résilience passe d'abord par une nouvelle approche de la notion de transformation. Longtemps, elle a été entendue dans une perspective défensive. Se transformer relevait souvent, il faut bien le dire, d'une injonction faite à des collectifs (de salariés, d'agents publics, de postiers, de cheminots…) de « s'adapter » aux exigences de la vie économique telles qu'elles étaient perçues. Depuis janvier 2024, nommée directrice générale adjointe du Groupe SNCF en charge de la Transformation, j'essaie de déployer une autre démarche, qui consiste à transformer la culture de la transformation.

Transformer ne doit pas être un « bougisme » ou un réquisit, mais une véritable habitude de l'esprit permettant de faire face à ces mouvements de bascule que nous avons décrits. Et parmi eux, celui que connaissent ces grandes entreprises, telle La Poste ou la SNCF, devenues sociétés anonymes et pourtant si intimement liées à leur histoire de services publics. Face à des bouleversements où se croisent enjeux industriels et serviciels, défis économiques, sociaux et environnementaux, chacun peut être acteur de l'innovation : les grands groupes autant que les startups ; au sein de ces groupes, l'ensemble des équipes, et non uniquement celles en charge du numérique ou de la stratégie. Non pas les uns contre les autres, mais ensemble, de manière complémentaire, en comprenant les moteurs et les freins à la décision et à l'engagement de chacun. Quand la science économique fait sienne cette démarche de l'esprit, elle le fait en partant du concret de la vie des collaborateurs et des clients. Procédant par expérimentation, elle apporte un éclairage utile aux dirigeants dans leurs prises de décisions stratégiques et dans les nouveaux modèles d'organisation, de production et de consommation.

… et vertus de la régulation

Dans ce monde en mutation accélérée, l'économie industrielle trouve naturellement son prolongement dans l'économie de la régulation, qui est l'établissement de règles codifiant les relations entre toutes les parties prenantes et les pouvoirs publics dans un secteur donné (souvent dans les *utilities*, soit le transport, les communications, l'eau ou encore l'énergie). Dans l'économie de rattrapage des années 1950 et 1960, des sociétés de service public en situation de monopole comme La Poste, France Télécom ou la SNCF, ou des champions nationaux très intégrés verticalement, parvenaient, sous la bienveillante tutelle de l'État, à satisfaire les besoins de la Nation et ceux des citoyens. Mais, peu à peu, une certaine confusion dans la nature des relations entre l'État et ces entreprises, ainsi qu'une moindre redistribution aux consommateurs finals des gains de productivité, ont rendu nécessaire une évolution de cette cogestion.

Dans un monde « hybridé », concurrentiel, et où l'innovation prend une place déterminante, la régulation est là pour maximiser la satisfaction du consommateur tout en évitant les dysfonctionnements du marché. Le spécialiste de la régulation Éric Brousseau, professeur d'économie et de management à l'Université Paris Dauphine, me racontait, dans le cours de l'écriture de cet ouvrage, que le plan de déploiement de la fibre optique sur le territoire – France très haut débit – relevait clairement de cette logique, qui a été couronnée de succès. L'Arcep (Autorité de régulation des communications électroniques, des postes et de la distribution de la presse), créée le 5 janvier 1997, sous le nom d'Autorité de régulation des télécoms (ART), a laissé la concurrence fonctionner entre opérateurs dans les zones denses où l'installation de la fibre était rentable, a octroyé des concessions à un seul opérateur dans les zones à densité intermédiaire et fait subventionner par les pouvoirs publics le déploiement du réseau dans les zones très peu denses.

L'économie de l'innovation dans laquelle nous baignons aujourd'hui pose avec acuité la question de la régulation. On pense aux GAFAM, bien sûr, dont la prééminence sur un nombre croissant de secteurs – l'information, le commerce... – réduit la capacité d'un nouvel entrant à proposer un service équivalent, mais également les droits des usagers, qu'ils soient eux-mêmes des entreprises – les applications sur une plateforme, avec un enjeu d'équité quant à l'accès et la compensation financière – ou des particuliers, avec notamment la question des données personnelles. Ces « monopoles de fait » réclament un encadrement rigoureux et vigoureux. Probablement plus celui prévu par le préambule de la Constitution de 1946, qui affirmait que « tout bien, toute entreprise, dont l'exploitation a ou acquiert les caractères d'un service public national ou d'un monopole de fait, doit devenir la propriété de la collectivité », car la dimension mondiale de ces entreprises ne le permet pas. Mais assurément une régulation.

L'intelligence artificielle, on le devine, pose au moins autant de questions en termes de régulation. En réinterrogeant le droit d'auteur et les brevets – dont le cadre actuel semble impuissant à gérer les effets –, mais également la question des *utilities*, elle impose de nouveaux cadres de réflexion. Car si chacun a théoriquement accès aux grands modèles de langage (LLM) dont l'IA fait son miel, les données, la puissance de calcul et la compétence technologique que réclame leur usage sont à ce point concentrées entre quelques acteurs que ces modèles n'ont de *utilities* que l'apparence.

La régulation se tient là, en évitant de répéter une approche binaire service public versus privatisation. Elle est un modèle de gouvernance et un vecteur de meilleure prise en compte de l'efficacité économique dans la conduite d'un certain nombre d'activités, comme les transports ou les télécoms, qui nécessitent beaucoup d'investissements et pour lesquelles l'impact de leurs externalités positives sur la société exigent d'être gérées de manière équitable. Ajoutons que, d'un point de vue démocratique, la régulation permet la formalisation d'un débat éclairé. Du point de vue de la « patronne des gares » que je suis, cette économie de la régulation permet de modifier et d'enrichir le rapport à nos clients, autrefois « captifs » du fait de la situation de monopole. Il s'agit désormais d'être beaucoup plus à l'écoute de leurs nouveaux usages et de leurs nouveaux besoins. C'est évidemment tout à la fois positif et nécessaire.

Un sou reste un sou

Attention toutefois : par construction, la régulation complexifie le fonctionnement du système. Elle crée des principes généraux régulatoires, puis des règles, puis de la jurisprudence, qui permettent certes de prendre en compte une grande diversité de situations, mais au prix d'un empilement de normes parfois excessif, voire qui aboutissent parfois à de singuliers résultats. Un exemple parmi d'autres : si j'essaie, comme dirigeante de Gares & Connexions, de dégager des gains de productivité sur mes charges (de sécurité, de propreté, d'aménagements divers), comme le ferait n'importe quel chef d'entreprise, je diminue de facto le chiffre d'affaires de mon entité, car les péages payés par les transporteurs ferroviaires à Gares & Connexions diminuent d'autant, en raison du principe régulatoire. Je crois, quant à moi, qu'il faut avoir le souci de maintenir une rationalité économique minimale, faite de simplicité et de bon sens. Le modèle régulatoire doit donc s'améliorer pour ne pas faire diverger le « faire » et le « penser ».

Pour en revenir à Matthew B. Crawford, avec lequel j'ouvrais ce chapitre, un moteur doit conserver le mininimum d'intéligibilité sans lequel il n'est plus réparable par tout un chacun. Sous le capot, il n'y aurait plus à nouveau qu'un second capot, rutilant mais impénétrable, éloignant les acteurs économiques de leur empire sur les choses.

4
« Happy End », ou l'économie du bien-être

Au petit bonheur des économistes

L'économie industrielle a pour objectif d'évaluer les marchés aux plans de l'efficacité et du bien-être collectif. L'une *et* l'autre. Et même l'une *pour* l'autre. À quoi bon, en effet, chercher l'efficacité si elle n'est pas facteur de mieux vivre ? Au demeurant, il ne s'agirait alors que d'une efficacité transitoire, car elle ne permettrait pas la fabrique du consensus sans lequel il n'existe pas de société pérenne.

Entendons-nous sur ce « Happy End » sous les auspices duquel je souhaite placer le dernier chapitre de ce court plaidoyer pour une économie mieux comprise, plus partagée, fédératrice et enthousiasmante. Que peut-il en être du bien-être du point de vue de l'économie ? La question est tout sauf indifférente aux économistes, qui pourtant ne peuvent l'appréhender qu'avec difficulté. Il n'est pas un hasard que Marx ou Hayek, qui en ont parlé avec sagacité, aient été tout autant philosophes qu'économistes. Cette relative difficulté de la science économique à parler du bien-être, due probablement à son statut hybride de science humaine à prétention scientifique « dure », explique d'ailleurs pourquoi, sans doute, la figure de l'homme économique maximisateur a si longtemps dominé les modèles théoriques de l'économie classique et néoclassique : l'homme, sous régime économique, est d'abord conçu comme agent calculateur de ses propres intérêts, ce qui reste, on le comprend, une manière relativement fruste – et même biaisée – de penser l'expérience humaine en société. Et pourtant... Pourtant, les économistes sont, avec les philosophes et les sociologues, les principaux penseurs des entités essentielles au bonheur de l'homme que sont le travail, la rémunération, la santé ou encore les relations sociales...

Mesurer le bien-être ou « objectiver le subjectif »

Depuis une vingtaine d'années environ, un certain nombre d'économistes s'attachent à sortir de cet angle mort où semblait les cantonner leur discipline et se sont donné pour programme de travail « d'objectiver le subjectif », selon l'heureuse formule de l'économiste Claudia Senik[1], c'est-à-dire de mesurer l'état de bonheur des individus de manière quantitative et qualitative.

Il existe de nombreuses raisons pouvant expliquer cette attention relativement récente de la discipline au bien-être collectif. Des raisons d'ordre historique, d'abord, que le philosophe Luc Ferry a brillamment mises en valeur. Longtemps, explique l'ancien ministre de l'Éducation nationale et spécialiste de Kant, les populations occidentales ont vécu sous le régime du « bonheur différé » : christianisme, nationalisme, communisme avaient pour point commun de postuler que seul le bonheur *à venir* pouvait être espéré. Le bonheur, fondamentalement, c'était *après* : après le travail, après la mort, après la Révolution. La résurrection des corps, l'appartenance à une Nation éternelle à quoi on pouvait tout sacrifier (y compris la jeunesse entière d'un pays durant la Première Guerre mondiale), ou encore la perspective d'une société sans classe : autant d'horizons

1. On peut renvoyer à son livre pionnier *L'économie du bonheur*, en 2014, aux Éditions du Seuil.

d'attente majuscules, qui avaient peu à voir avec le souci du bonheur tel qu'il se propose à nous aujourd'hui. Ce n'est d'ailleurs pas une spécificité occidentale : l'économiste britannique Paul Seabright a souligné[1] le rôle longtemps joué par les religions en général comme pourvoyeuses de sens, de projection à long terme et de solidarité communautaire.

Avec la fin de ces idéologies sacrificielles au nom desquelles l'individu s'effaçait derrière plus grand que lui, la question du bonheur dans cette vie même est devenue centrale : s'il n'y a plus d'« après » métaphysique et que « Dieu est mort », selon le mot de Nietzsche, c'est *aujourd'hui* et *maintenant* que l'on souhaite être heureux. Cette aspiration nouvelle a logiquement placé au cœur des politiques publiques la question de la satisfaction des citoyens, rendant à la fois naturelle et nécessaire l'objectivation par les économistes de ce « subjectif » qu'est la vie bonne. Une vie bonne aux multiples paramètres, qui vont se complexifiant. Au nombre de ces paramètres, celui-ci : si la nouvelle configuration engendrée par la fin des idéologies sacrificielles est patente, il n'en reste pas moins que la question

1. Paul Seabright, *The Divine Economy: How Religions Compete for Wealth, Power, and People*, Princeton (NJ), Princeton University Press, 2024.

du sacrifice demeure vivace. On en veut pour preuve, peu de temps après la crise des Gilets jaunes, les réflexions de l'économiste belge Christian Gollier. Le co-fondateur, avec Jean Tirole, de TSE, s'était interrogé sur l'articulation « entre fin de mois et fin du monde[1] », et notamment sur le coût et la compensation du « sacrifice » que doivent faire les générations présentes pour garantir un monde vivable aux générations futures. Or les dernières élections en France (présidentielles et législatives de 2022, européennes et législatives de 2024) ont rappelé la centralité qu'avaient prise, dans le débat public, les questions de pouvoir d'achat, vu sous leur angle le plus terre-à-terre, sans les inscrire dans le coût différé de ce « bien-être » immédiat – on pense bien sûr à l'augmentation des subventions aux énergies fossiles. Complexité inouïe des temps présents où la nécessité légitime de prendre en compte le bien-être des individus se paie, non d'un « bonheur différé », comme dans les temps anciens, mais bel et bien de la possibilité d'un « malheur différé » que fait planer sur nous la question climatique.

---

1. Christian Gollier, *Entre fin de mois et fin du monde : économie de nos responsabilités envers l'humanité,* Paris, Fayard, Collège de France, coll. « Leçons inaugurales », 2022.

Du PIB ou BNB

Cette prise en considération de la notion de bonheur peut également s'expliquer par la mise au clair progressive des limites des grandeurs économiques jusque-là dominantes. La prospérité d'un pays à travers la mesure du produit intérieur brut (PIB), l'état de richesse des individus qui en est le quantum par habitant, le dynamisme de l'économie à travers le taux de croissance sont des indicateurs tout à fait indispensables au carnet de santé d'un pays. Mais en sont-ils le dernier mot ? Si, dans les économies de rattrapage – typiquement celles des pays de la vieille Europe au lendemain de la Seconde Guerre mondiale – ces indicateurs suffisaient à décrire une courbe de redressement et la pénétration dans la population des éléments de confort indissociables de la vie moderne (eau courante, gaz, électricité, réfrigérateur, radio et télévision), ils ne parviennent plus à dire l'état « moral » d'une population ou même d'un pays. Pourquoi donc ? Parce que vient un temps dans le développement des sociétés où un surcroît de croissance de la richesse nationale ne produit plus la « quantité » de bien-être équivalente escomptée. L'économiste américain Richard Easterlin a donné son nom, en 1974, à ce paradoxe qui s'observe lorsque, au-delà d'un certain niveau de revenu, « l'accroissement marginal de l'utilité (ou du bien-être) retirée d'une hausse marginale du revenu est de plus en plus faible, voire inexistant[1] ».

Le grand économiste des Trente Glorieuses, Jean Fourastié, l'avait d'ailleurs très bien anticipé : l'articulation entre croissance et développement qu'il appelait de ses vœux ne devait pas méconnaître que les différentes phases du développement d'une société modifiaient en retour le contenu de la croissance. On saisit le caractère très profondément transformateur d'une telle prise de conscience : elle commence à faire émerger l'idée que la croissance peut connaître des limites et elle invite à penser les « agents économiques » comme des individus, mus par des intérêts mais aussi par des communautés d'intérêts, et même, oui, par des affects. En outre, en interrogeant le contenu de la croissance, cette réflexion initie, dans le sillage du rapport Meadows[2] de 1972, une réflexion sur la soutenabilité de l'activité

1. Alain Beitone, Antoine Cazorla et Estelle Hemdane, *Dictionnaire de science économique*, Paris, Dunod, 2019.
2. Donella Meadows, Dennis Meadows, *Les limites à la croissance (dans un monde fini) (The Limits to Growth)*, Paris, Fayard, 1972.

humaine quant aux ressources de la planète. Le Bhoutan, en Asie du Sud, est le premier pays à acter dans la pratique politique ce qui est un vrai changement de paradigme : en 1972, là encore, le roi Jigme Singye Wangchuck appelle de ses vœux l'établissement d'un indice du bonheur national brut (BNB), ayant pour objectif de guider les actions économiques et sociales du gouvernement. Constitutionnalisé en 2008, le bonheur national brut bhoutanais a inspiré l'indice de développement humain de l'ONU (IDH, en 1990, sous l'impulsion d'Amartya Sen et de Mahbub ul Haq) ou le Better Life Index de l'OCDE (BLI, en 2011).

La valeur ? Quelle valeur ?

Cette prise en considération du bien-être individuel et collectif rencontre une dernière caractéristique de l'économie de ces dernières décennies. La nature de la création de valeur y est en effet plus nébuleuse, plus confuse que jamais. Classiquement entendue comme la capacité d'une entreprise à dégager une rentabilité supérieure au coût de ses capitaux, elle se voit chahutée par la sortie de l'ère de l'industrie comme principal secteur économique et par la progression de l'économie numérique. « Je me suis toujours servi de l'économie pour comprendre le monde dans lequel j'étais, m'a confié l'économiste Joëlle Toledano. Mais j'ai désormais l'impression que nous n'avons plus les outils de compréhension de la création de valeur, si on entend par création de valeur ce qui peut s'exprimer en dollars, en euros, en yens. Après Marx et une économie très matérielle, je ne comprends plus comment la valeur se construit. Il y a un tel déplacement de l'activité économique réelle par rapport à ce que l'on sait mesurer dans le cadre d'un PIB industriel... » Ce désarroi est, je crois, très profond. Il ne s'agit ni de le nier, ni de le minimiser. Pour moi, il est le dernier indice que l'économie du bien-être est nécessaire. Car si on ne sait plus dire exactement où sont les gains de productivité et à quoi ils servent, alors c'est en dehors du strict monétaire que l'on doit pouvoir évaluer les externalités positives de l'économie.

Malheur public, bonheur privé ?

En France, les choses se présentent comme souvent sous un aspect paradoxal, qui est celui du malheur public et du bonheur privé. Dans les rapports de 2022 et 2024 sur le bien-être en France, Claudia Senik et Mathieu Perona ont en effet souligné le pessimisme des Français quant à l'avenir du pays, dont ils jugent la société pyramidale et inégalitaire, mais leur satisfaction sur le plan personnel. Les sentiments et émotions qu'ils expriment témoignent également « d'une dégradation morale depuis 2018, dont le lent redressement a été stoppé net par la guerre en Ukraine », la situation se caractérisant par « un mal-être instantané mais surtout par les perspectives futures qui se dégradent ». Enfin, deux tiers des Français désignent la période passée comme période où ils aimeraient bien vivre, contre 27 % seulement pour la période actuelle. L'avenir était l'horizon d'attente des idéologies du sacrifice, mais c'est le passé qui fait désormais rêver !

Cette question du bien-être et de la confiance est éminemment politique. Le baromètre de la confiance politique, réalisé depuis 15 ans par le CEVIPOF, révèle la volatilité de celle-ci, avec néanmoins en France une tendance de fond où prévalent la méfiance, la lassitude et la morosité, au contraire par exemple de l'Allemagne. L'étude montre également une confiance plus forte dans les institutions politiques locales que nationales, dans les PME que dans les grandes entreprises publiques ou privées, dans la police que dans la justice, dans l'école et les associations que dans les syndicats, les médias ou les partis politiques.

Tout cela doit nous interroger, sans qu'il faille naturellement le surinterpréter, mais je retiens comme motif d'espoir que les trois entités dans lesquelles la confiance est la plus grande sont au cœur de ma réflexion sur l'économie concrète : les artisans, la science, et les petites et les moyennes entreprises.

Ce bilan de santé psychique est, selon moi, la preuve qu'il faut prendre les choses à bras-le-corps et redonner confiance et optimisme. Je n'ai pas en tête la psychologie positive ou les morales du bonheur, à la fois trop présentistes (le fameux *carpe diem*) pour penser le déploiement des projets dans le temps, et trop individualistes (« peu importe l'état du monde, je dois vouloir et construire mon bonheur ») pour fabriquer du commun. Non, ce que je souhaite, c'est défendre l'idée que l'économie comme action, comme articulation du faire et du penser au service d'un projet collectif est l'activité la mieux à même de créer du bien-être, dont on sait qu'il n'est pas le fruit d'un solipsisme, mais d'un aller-retour constant entre soi-même et les autres.

Pour une nouvelle macroéconomie

C'est à une nouvelle macroéconomie qu'il s'agit d'œuvrer, plus enracinée que celle que nous connaissons classiquement. Une macroéconomie qui ne serait pas restreinte à la comptabilité nationale, au revenu, à l'investissement, à la consommation, aux fluctuations des taux de change, au volume des échanges mondiaux et aux balances commerciales de tel ou tel bloc économique, mais agrégerait à ces éléments, certes indispensables, d'autres façons de considérer la vie collective, sous l'angle des choix collectifs et du bien-être social.

Les économistes Andrew Clark, Claudia Senik et Sarah Flèche[1] ont montré que la dispersion des niveaux de bonheur était plus faible au sein des pays riches qu'au sein des pays pauvres : le nombre d'individus se disant « très heureux » ou « très malheureux » est plus faible dans les premiers que dans les seconds. À mesure que la croissance favorise une plus grande abondance de biens publics (éducation, santé, infrastructures, protection sociale, droits individuels, pluralisme politique, égalité homme-femme, etc.), on assiste à une homogénéisation du bien-être dans la population. En revanche, lorsque les inégalités s'accroissent, comme en Allemagne ou

1. "The Great Happiness Moderation", dans *Happiness and Economic Growth: Lessons from Developing Countries*, Oxford, Oxford University Press, 2014.

aux États-Unis dans les années 1990, alors le processus d'égalisation du niveau de bonheur s'interrompt, les mentions « très heureux » et « très malheureux » remontant en flèche dans les études. Ces résultats sont passionnants et permettent aux auteurs de parler d'un « paradoxe d'Easterlin augmenté[1] ». Diminuant la portée négative du premier (qui indiquait que le supplément de croissance n'engendrait pas nécessairement un accroissement de bien-être), celui-ci montre que c'est l'homogénéisation des niveaux de bien-être qui compte au niveau collectif. N'est-ce pas fondamentalement cela, l'économie du bien-être ? Un projet économique et social dans lequel il est moins question de « ruissellement » du haut vers le bas que d'élévation collective, et surtout homogène, du niveau de satisfaction. À la clef, la perspective de renouer les deux fils longtemps disjoints de la science économique, la question de *la* valeur et celle *des* valeurs.

1. Un paradoxe qui n'est pas sans rappeler les analyses d'Alexis de Tocqueville qui, dans *De la démocratie en Amérique*, énonçait qu'à mesure que l'égalité se répandait, les inégalités devenaient de plus en plus insupportables aux citoyens.

Perdre sa vie à la gagner ?

La dirigeante que je suis ne cesse de réfléchir à cette question du bien-être dans le quotidien de la marche de l'entreprise. Réglons la question utilitariste : oui, les études de Harvard et du MIT sont formelles, des salariés heureux sont deux fois moins malades, 31 % plus productifs et 55 % plus créatifs que lorsqu'ils ne le sont pas. 86 % des jeunes estiment aujourd'hui que, pour être performante, une entreprise doit veiller au bonheur des salariés[1]… La chose n'est évidemment pas indifférente à un chef d'entreprise, mais, outre que ce constat enfonce une porte ouverte, cette dimension d'utilité bien comprise ne rend pas justice à l'importance de la question. Le bonheur au travail est difficile à définir, car il relève de l'entrelacement des préférences individuelles et des nécessités du collectif et, plus fondamentalement, du rôle que chaque individu attribue au travail dans la construction de son bonheur intime.

Ces réserves étant faites, je crois que le rôle du dirigeant est de créer les conditions grâce auxquelles l'entreprise peut devenir pourvoyeuse de bien-être. Ce n'est pas dans mon esprit une opération adaptative – sinon

1. Baromètre ISC Paris/BVA Xsight 2024.

défensive – destinée à alléger la pénibilité du travail ou à faciliter les conditions de vie des collaborateurs (même si cela est évidemment essentiel, dans le cadre du dialogue permanent avec les organisations syndicales et les représentants du personnel) ; de manière plus ambitieuse, c'est une volonté de faire du travail, réalisé dans le cadre du collectif qu'est l'entreprise, un ferment de bien-être individuel *en tant que tel*. En somme, je remobilise cette notion d'utilité qui a été l'alpha et l'omega de la théorie néoclassique de l'agent économique maximisateur pour lui rendre son sens premier : permettre aux collaborateurs de savoir qu'ils sont *utiles*. Le sentiment d'être utile joue un rôle majeur dans le fait que le travail ne soit pas vécu unilatéralement, dans une perspective marxiste, comme le « vol » nécessaire du temps de la vie contre les moyens de la subsistance – et que le slogan soixante-huitard « Ne pas perdre sa vie à la gagner » est joliment parvenu à capter.

Réciproquement, les dirigeants doivent toujours se rappeler que c'est de l'utilité des collaborateurs que la société tire sa substance première. Je pense à cette phrase d'Henry Ford : « Ce qu'il y a de plus important pour une entreprise n'apparaît pas à son bilan, c'est sa réputation et ses hommes ». Donnez, en effet, tout le capital possible à une entreprise (machines, brevets), accordez-lui les financements les plus généreux : elle ne prospérera pas si lui fait défaut le capital humain, soit le travail, l'engagement, les compétences, les savoirs de ses salariés. Ce capital humain est le bien le plus précieux de l'entreprise. Il est, figurativement et littéralement, son système sanguin. De même qu'il m'apparaît réducteur de ne retenir dans le travail que sa dimension d'aliénation, de même il me paraît inconséquent de ne pas voir combien, en entreprise (comme ailleurs), « il n'y a de richesse que d'hommes ».

À ce titre, pour revenir à Ford, il est courant d'en faire l'instigateur, dans le sillage du taylorisme, d'une organisation du travail favorisant la productivité au risque de l'éparpillement, pour le salarié, du sens de son travail[1]. C'est vrai, sans doute. Mais Ford est aussi celui qui, conséquent avec lui-même et rompant sur ce point résolument avec Taylor, a pris au sérieux la question de l'homme dans l'entreprise. La traduction de cette préoccupation fordienne dans la politique sociale de son entreprise apparaît aujourd'hui, à juste titre, anachronique

1. Voir les travaux pionniers du sociologue Georges Friedmann, et notamment son livre *Le travail en miettes*, Paris, Gallimard, NRF, 1964.

et carencée, mais la préoccupation demeure. Adaptée à notre modernité, cette préoccupation passe d'abord, et avant tout, par la confiance accordée à ses équipes. Une confiance large, principielle, pour utiliser un mot pompeux. Car, redisons-le, ce sont ces équipes qui font, ultimement, l'entreprise.

L'empire du sens

D'une façon générale, la question de l'utilité du travail – ce que l'on nommait autrefois la « dignité du travail » – doit être retrouvée et renforcée. L'anthropologue David Graeber nous a collectivement alertés, en 2013, sur la prolifération des *bullshit jobs*, ces emplois dénués de sens, profondément désocialisants (qui ne doivent pas être confondus avec des emplois jugés pénibles, pouvant être pleinement porteurs de sens). Soyons lucides: il existe des emplois dans lesquels la question de la réalisation de soi demeure absente. Mais le rôle du dirigeant est de tout faire pour que le travail conserve le plus souvent possible sa puissance anthropologique: en produisant ses conditions d'existence, l'homme s'humanise en se liant à autrui. Pour parvenir à mesurer les attentes des collaborateurs, les questionnaires sur la qualité de vie au travail sont utiles, de même que les entretiens avec les ressources humaines ou les remontées de terrain opérées par les représentants du personnel. Mais il faut aussi, et peut-être surtout, l'écoute et la confiance donnée au collectif. Ce sont celles-ci qui permettent de lever beaucoup d'hypothèques tenant au « jeu de dupes » toujours présumé qui codifierait les relations des dirigeants et de leurs salariés. La relation hiérarchique demeure, mais la conviction de l'utilité, la certitude de faire partie d'un projet œuvrant à une utilité sociale donnée permet de dépasser cet antagonisme si constitutif de notre lecture du monde du travail. À la SNCF, faire voyager des millions de gens en participant à la réduction des émissions de gaz à effet de serre et en structurant l'économie du territoire est un but noble qui nous réunit tous. Encore faut-il que chacun sente son utilité reconnue à sa juste valeur.

La question du sens ne se pose pas seulement de manière globale, mais pour chaque tâche. Le dirigeant doit aussi se soucier de simplifier la vie quotidienne des salariés, trop accaparés par le *reporting*, les tâches d'organisation ou de planification. C'est souvent la charge mentale professionnelle qui engendre stress et dévitalisation du plaisir pris à son travail. Le numérique a, là, un rôle puissant à jouer, en permettant d'automatiser certaines tâches, de faire remonter les datas pertinentes à l'avancée des dossiers, de gérer au mieux les flux entrants et sortants d'une entreprise. Ceci, bien sûr, dans une logique schumpétérienne de « destruction créatrice » : porteur de bienfaits, le numérique entraîne aussi son lot de déstabilisation, voire de fragilisation. L'IA est ainsi un objet d'étude passionnant pour les économistes, qui cherchent à comprendre quels sont les facteurs de complémentarité et/ou de substituabilité entre « humain » et « robot ». Charge aux dirigeants de le prendre en compte, de rassurer, de former, d'accompagner, non pas pour adapter à marche forcée, mais pour rendre aux personnes leurs « capabilités » (je reprends à dessein le concept d'Amartya Sen), la liberté positive de construire leur propre vie au travail.

C'est quand le bonheur ?

Mais les dirigeants le savent bien (eux-mêmes d'ailleurs peuvent le ressentir et même y souscrire) : le travail n'a plus la centralité qu'il avait autrefois, lorsque la plus grande part de la vie était faite de labeur. Karl Marx l'avait évidemment perçu, en philosophe et en économiste. Dans la vie des individus, deux éléments sont centraux et profondément articulés l'un à l'autre : le temps et le travail. Contre son temps et par son travail, le travailleur gagne de l'argent, et c'est entre ces trois entités – temps, travail et argent – que s'établit un horizon d'attente pouvant conduire au bien-être. C'est le sens des grandes conquêtes sociales, depuis les congés payés jusqu'à la réduction du temps de travail hebdomadaire, que d'avoir progressivement réalloué du temps libre à nos existences antérieures essentiellement laborieuses.

Toutefois, il est nécessaire d'enrichir le modèle temps de travail/temps libre, car il n'est guère envisageable de réduire *ad libitum* la quantité totale de travail produit par une société. En ce sens, l'économie du bien-être doit travailler à expliciter plus et mieux les liens entre le travail, l'argent et le temps, en y adjoignant une dimension qualitative : comment travaille-t-on quand on travaille ? Le temps de travail s'oppose-t-il au temps libre ? Le non-travail est-il la source univoque du bonheur ? Dès lors que la ressource rare non reproductible, c'est le temps, qu'en faire ? Gare aux idées reçues : Claudia Senik le constate dans ses enquêtes, dans tous les pays d'Europe, à âge égal, les gens qui travaillent se disent plus heureux que les gens qui ne travaillent pas. Il n'est donc plus tout à fait question de la quantité de temps disponible pour favoriser le bonheur, que de la qualité du temps passé *en* travail, et *hors* travail. Comment produire cette qualité de temps ? Telle est la tâche à réaliser par le « dirigeant mécanicien », sans assurance de succès, avec humilité, mais avec détermination.

Les confinements successifs des années 2020-2021 ont constitué un laboratoire grandeur nature de ces réflexions. De manière inattendue, le travail, lorsqu'il pouvait être exercé à distance, s'est libéré. Confinés, nous avons désaliéné le travail – amusant paradoxe. Nombreux ont été les témoignages de salariés disant le plaisir de travailler à leur guise, la joie de retrouver un espace de manœuvre dans la gestion de leur vie.

Quatre ans plus tard, les vertus et les défauts du télétravail sont mieux identifiés, ce qui réclame de la part des entreprises, en association étroite avec leurs collaborateurs, un pilotage intelligent. Chaque situation est particulière, et le choix entre gain de temps ou d'autonomie et perte de lien social n'est pas encore décidé. Mais cet épisode montre bien que la question de la qualité du temps est peut-être aussi importante que celle de la quantité du temps pour travailler au bien-être.

Comme le soulignait Thomas Courtot, chercheur à l'IRES, au-delà du fait de savoir si ce temps de travail est passé au bureau ou ailleurs, et comment il y est passé – en matière d'horaires et de condition de travail –, la question de sa qualité est également liée à l'autonomie dont disposent les salariés dans leur travail, et à la capacité de s'y faire entendre. Il voit dans cette insatisfaction « privée » un ferment profond des votes dits « contestataires », ce qui rappelle la porosité entre la sphère économique – ici le travail – et la sphère politique.

Je m'empresse de dire que les emplois pouvant être « télétravaillés » et pouvant donner lieu à ces arbitrages qualitatifs sophistiqués ne sont pas le tout du monde du travail, loin de là. Les « premières lignes », saluées pendant le Covid, les emplois du secteur primaire et du secteur secondaire doivent, eux aussi, bénéficier d'une réflexion à nouveaux frais sur la question du bien-être : à la redistribution des revenus, emblématiques de la politique sociale du XXe siècle, ne faudrait-il pas adjoindre une véritable redistribution du temps, depuis ceux qui bénéficient d'un temps qualitatif élevé vers ceux qui en bénéficient moins ?

L'intelligence de ce qui nous lie

Ultimement, l'économie du bien-être est l'intelligence de ce qui nous lie. C'est l'activité humaine luttant contre le fléau sociologique majeur, identifié par le sociologue Émile Durkheim : l'anomie, qui est la disparition des valeurs communes à un groupe humain. Comment ne pas être navré devant la polarisation proliférante de nos sociétés ? On en sait beaucoup des raisons, sur lesquelles je ne reviens pas ici, mais l'une d'entre elles me semble insuffisamment mentionnée : on ne sait plus dire l'interdépendance économique profonde, et donc existentielle, des citoyens les uns vis-à-vis des autres, des régions entre elles, des entreprises sur leurs marchés, des administrations sur le territoire. L'architectonique sociale ultrasophistiquée de nos sociétés européennes est réduite à sa complexité, ses bienfaits considérés comme allant de soi, ses insuffisances comme rédhibitoires et devant la condamner.

On trouve, à l'origine de ces jugements à l'emporte-pièce, j'en suis absolument convaincue, un profond déficit d'économie, d'intelligence de ce que chaque membre de la société fait à l'autre. Sait-on la péréquation interrégionale qui assure un niveau de développement égalitaire à l'échelle du territoire ?

Connaît-on le coût d'une nuit d'hospitalisation dans l'hôpital public ? Le nombre de PME de moins de vingt salariés, la part de la production agricole destinée à l'export ? Le nombre de monuments, églises, châteaux, ponts remarquables, reconstruits grâce à l'argent de l'Union européenne ? Toutes ces « grandeurs » économiques ne sont pas que des quantités, mais aussi des qualités de vie collective.

Mais cette économie du lien, ce « solidarisme[1] » que nous parvenons tant bien que mal à maintenir au sein de la société française et du continent européen, nous ne savons pas assez l'étendre aux autres pays du monde. Dans son dernier rapport sur le développement humain, le Programme des Nations Unies pour le Développement montre comment la tendance à la réduction des inégalités entre les pays riches et les pays pauvres, mais également à l'intérieur d'un même pays, caractéristique des deux premières décennies du XXIe siècle, s'est désormais clairement inversée. « L'échec d'une action collective pour faire progresser l'action contre le changement climatique, la numérisation ou la pauvreté et les inégalités entrave non seulement

1. Je reprends le beau terme au penseur et homme politique Léon Bourgeois.

le développement humain, mais aggrave également la polarisation et érode davantage la confiance dans les personnes et les institutions du monde entier » a expliqué l'administrateur du PNUD Achim Steiner durant la présentation du document. Comment se satisfaire, en effet, de résultats records en matière de développement humain mondial quand cet excellent résultat masque l'écart considérable et grandissant entre les mieux et les moins bien dotés ? L'usage du terme « polarisation » par l'Agence de l'ONU est significatif : il acte que celle-ci, en plus d'être informationnelle ou idéologique, a également un substrat socio-économique à la résorption duquel il faut travailler sans relâche.

L'économie comme je l'aime et veux la faire aimer, dans cette optique, est naturellement celle qui, en amont de la délibération du préférable ou du souhaitable, offre une hauteur de vue, une information, une lucidité. Une humilité aussi. Elle est l'inverse du vindicatif ou du péremptoire. Elle remet les pendules à l'heure, et la discussion sur les bons rails.

L'économie comme je l'aime et veux la faire aimer vise à la dépolarisation, qui est une condition de la transformation des sociétés, tant son antonyme, on l'a compris, produit l'immobilisme sociologique et économique et la réaction idéologique et politique.

La réconciliation que permet cette économie utile devrait être l'obsession de tous ceux qui ont quelque influence sur notre destinée collective. S'ils devaient s'y convertir, ils en verraient la pertinence et l'audace, l'apport fondamental par rapport aux fausses pistes du conflit h24[1].

---

1. Je recommande l'excellent *Abécédaire de la réconciliation*, dirigé par Robert Zarader, paru aux Éditions Bona fidé, Paris, en 2024.

Terminus, attention au départ !

Au terminus de ce plaidoyer singulier pour l'économie, j'espère avoir contribué à (re)donner goût pour le départ. Un départ métaphorique bien sûr, un départ comme un rebond, comme un espoir, comme une impulsion, comme un désir, comme un optimisme.

Le premier départ, c'est le départ dans la vie, quand l'individu, issu d'un milieu mais ne s'y réduisant pas, se socialise peu à peu auprès de ses pairs. En défendant l'idée que maîtriser les fondamentaux économiques fournit un paquetage solide pour arpenter sa destinée, je découvre en fait que l'économie ouvre le jeu sociologique. Je n'ai que trop peu évoqué la sociologie dans ce court ouvrage. Si les deux disciplines avancent ensemble dans le secondaire où j'ai enseigné, ce n'est pas par hasard : elles entretiennent des liens étroits, et même dialectiques. De même que l'économique, via la « division sociale du travail » (l'expression est du sociologue Émile Durkheim) crée du lien social, la configuration sociologique d'une société et de l'individu en son sein explique une part de la vitalité économique d'un pays ou, au contraire, sa rigidité et sa difficulté à progresser.

Ainsi, à côté de Bernard Mandeville, David Ricardo, Karl Marx, John Maynard Keynes, Friedrich Hayek ou Joseph Stiglitz se tiennent Émile Durkheim, Max Weber, Pierre Bourdieu, Raymond Boudon ou Zigmunt Bauman, mais aussi, heureusement, certaines femmes, dont certaines citées dans ces lignes : l'ancienne prof que je suis les reconnaît tous comme des compagnons de pensée. Démarrer dans la vie, grâce à eux tous, c'est comprendre d'où l'on vient, « d'où l'on parle » sans doute, mais surtout « où l'on souhaite aller » quand on est résolu à ne pas être engoncé dans les déterminations d'origine. À ce sujet, je suis toujours un peu étonnée que la sociologie, en France, soit parfois un peu trop soucieuse de dire la reproduction – voire la fatalité – sociale, sans montrer comment il existe maints espaces pour exercer sa liberté. Un individu réussit-il qu'il est commun ces dernières années de le considérer comme un « transfuge de classe », doublement malheureux, à la fois de son milieu d'origine – trahi et douloureusement manquant – et de son milieu social de destination – rétif à accueillir cette nouvelle recrue…

Je ne nie pas l'existence de tels conflits (qui constituent une part importante, au demeurant, de la littérature du XIXe siècle), mais je veux tout de même rappeler que se dire ou être transfuge de classe, c'est incidemment montrer la possibilité d'une évolution au sein de la société, ce dont il faut se réjouir. Pour ma part, fille de père cheminot et de mère commerçante, je regarde avec gratitude les possibilités qui m'ont été offertes par la société. Retournant dans ma région natale, dans mon « milieu d'origine », je ne me dis pas un instant que je lui suis devenue étrangère. Simplement, d'autres personnes, d'autres milieux, sont venus s'y agréger, et c'est tant mieux. Je crois que nous sommes suffisamment intelligents pour faire la part des choses, pour jouir de toutes les diversités humaines et de parcours.

L'économie, c'est être toujours prêt à partir, ou à repartir. À remettre l'ouvrage sur le métier, à réamorcer une démarche de compréhension puis d'action. C'est ne jamais cesser de comprendre pour ne jamais cesser de transformer, si par transformer on entend, j'insiste sur ce point, non la fébrile adaptation à la dureté des temps, mais la capacité à améliorer sa vie individuelle et la vie collective. En France, des études robustes nous l'apprennent, le pessimisme vient de ce que la société est vécue comme inégalitaire et pyramidale. Penser en économiste, c'est s'appliquer à comprendre cela : comment, quoique détenant un coefficient de Gini (la mesure de l'égalité au sein d'une société) flatteur et un dispositif de redistribution à peu près unique au monde et très efficace, la France a écartelé les bords externes du spectre socio-économique, soit les 1 % qui concentrent le plus et le moins de richesses ; comment, depuis quelques années, les sentiments de jalousie, de rancœur gagnent en importance, menaçant la cohésion de la société. Penser avec les outils de l'économie utile, incarnée, c'est régler ce moteur du social, ajuster sa carburation, sans idées préconçues, avec la volonté de bien faire. Joseph E. Stiglitz l'a montré en 2012 dans son ouvrage *Le prix de l'inégalité : comment la société divisée d'aujourd'hui met en danger notre avenir*[1] : la recherche des rentes, économique et sociale, entraîne un délitement du social, mais tout autant, finalement, une baisse de la productivité de la société concernée. C'est

1. Paru, en français, aux éditions Les liens qui libèrent.

une double peine, économique donc, mais également philosophique et morale.

Alors, c'est vrai, les temps ne sont pas aux grands systèmes, aux visions homogènes et cohérentes, aux règles du jeu limpides. On fait du cas par cas, on teste, on expérimente. On fait du talon pointe, comme on dit en course automobile : on freine et on accélère en une fraction de seconde, on emballe le moulin pour exercer du frein moteur. C'est fragile, mais c'est ainsi. Il vaut mieux partager la croissance, et la revisiter : par exemple, il faut redire que la maximisation du profit n'est pas le but dernier, le seul rôle social des entreprises. Jusque dans les années 1980, ce n'était d'ailleurs pas le cas[1], ce qui dit en creux que l'on peut essayer de revenir à un équilibre plus sain entre intérêts des actionnaires et intérêts de toutes les autres parties prenantes, salariés, ONG, citoyens. « Il faut du capital patient permettant à la planète de s'adapter et aux sociétés d'adhérer », plaidait avec sa clairvoyance coutumière Philippe Wahl, le PDG du Groupe La Poste, à l'occasion des rencontres d'Aix du Cercle des économistes. J'y souscris.

1. Ainsi que l'a rappelé avec constance l'économiste américano-canadien John Kenneth Galbraith.

Je me demande parfois quelle prof je serais si je devais redémarrer ma carrière dans l'éducation. Recommencerais-je à créer des entreprises avec mes élèves ? Conserverais-je le même enthousiasme ? Aborderais-je la matière de la même façon, après que mon parcours m'a conduite à des postes de responsabilités où la somme des contraintes à gérer est importante ? Eh bien je crois pouvoir répondre « oui » à tout cela. Car l'économie explique, rationalise et affranchit, en classe, en salle des profs, en comex. Elle n'ignore rien de l'homme en société et lui permet de prospérer durablement et solidairement pour peu qu'elle reste obsédée d'utilité, de tempérance et de bon sens. Elle se nourrit de l'expérience et de l'écoute. À l'occasion de la rédaction de cet ouvrage, je me suis d'ailleurs plongée dans les nouveaux programmes de sciences économiques et sociales, qui ont fortement changé en vingt ans, notamment ces dernières années sous la coordination de Philippe Aghion. Trois changements en particulier me font dire que je pourrais aujourd'hui enseigner l'économie comme je l'aime : la microéconomie y est plus présente ; même si elle reste très conceptuelle, la matière est davantage présentée comme une boîte à outils, incitant à « appliquer les modèles et les concepts aux faits sociaux » ;

enfin, l'accent est mis sur la nécessaire distinction entre les croyances et les faits, entre les dogmes et le civisme éclairé.

Que l'on soit acteur, penseur ou « vulgarisateur » de l'économie, on ne peut, selon moi, la comprendre et l'expliquer que par cette expérience et cette écoute, par l'aller-retour entre l'idéal et le réel. Puisse ce livre vous avoir donné l'envie de penser avec moi – et avec d'autres – que l'économie est l'affaire de tous et que ses concepts ne sont ni des cases, ni des barrières, mais bien des outils destinés à diagnostiquer, à réparer et à construire, en se construisant soi-même. De faire vôtre cette école d'affranchissement et de lucidité, qui m'a tant apporté.

Postface

Jean-Pierre Farandou

Écrire un livre, ou la postface d'un livre, c'est toujours donner un peu de soi aux autres. Se découvrir – aux autres, bien sûr, mais parfois aussi à soi-même – pour inviter à d'autres découvertes. Varier les points de vue – l'économie industrielle et le bonheur, la philosophie et la mécanique, les halls de gare et les salles de classe, notamment, s'agissant de Marlène Dolveck – pour offrir un regard singulier.

Dans un parcours, il y a d'abord ce que l'on veut et peut revendiquer. Me concernant, c'est « cheminot première langue ». Si j'utilise cette expression, ce n'est pas pour parler d'un monde clos, mais d'une manière singulière de voir les choses, une culture partagée faite de fierté de participer à un service public essentiel, d'apporter des compétences et une histoire commune.

La langue dont nous parle Marlène Dolveck, ce n'est pas spécifiquement celle des cheminots, même si on peut en reconnaître certains « accents » au fil de son propos. La langue dont elle nous parle, c'est celle de l'économie. L'économie comme une langue vivante, universelle, qui s'enrichit de l'évolution et de la diversité de ses usages. Une langue qu'elle expérimente en permanence, et dont elle nous raconte, à travers son histoire personnelle et professionnelle, ce qu'elle peut nous apporter à tous.

Je partage son intuition selon laquelle l'économie peut être pour chacun une boîte à outils, dans laquelle la microéconomie doit retrouver sa juste place, pour éclairer les comportements humains – ceux du consommateur de services concurrentiels, de l'usager des services publics, du salarié, du dirigeant – et les enjeux sociaux.

Le social et la sociologie ne sont en effet jamais bien loin. Ils affleurent dans son propos, mettant l'humain au cœur de l'économie. Pour ceux qui me connaissent, cela n'est pas pour me déplaire. Je suis moi-même un infatigable défenseur de l'équilibre entre l'économique et le social, de la prise en compte de l'individu dans l'entreprise, et de l'inscription de l'entreprise dans son contexte économique, mais pas seulement.

L'économie que défend Marlène Dolveck ne se réduit justement pas à des chiffres.

Elle fait dialoguer les concepts et les faits, mais également la valeur avec les valeurs. Je prendrai un exemple, faussement évident : celui du choix du train, plutôt qu'un autre mode.

En tant qu'entreprise de transport, nous devons nous poser la question de tous les éléments qui peuvent entrer en ligne de compte dans l'arbitrage d'un voyageur pour lui faire « préférer le train ». La première question qui vient à l'esprit, c'est bien sûr celle du prix du voyage : comment il est construit pour chaque type de transport, comment il varie, mais également quels sont les coûts associés – d'accès à la gare ou à l'aéroport, de bagage, de modification du trajet.

La deuxième question, selon moi, c'est celle du temps et de sa qualité, également mesurables, mais à la perception plus subjective : la durée globale du trajet – celui passé dans le train, l'avion ou la voiture, à l'attendre en gare, à l'aéroport ou chez le loueur, à rejoindre ceux-ci –, son caractère aléatoire ou certain, la liberté de choisir et de changer ses horaires.

La troisième question, plus subjective encore, c'est le confort, de réservation comme de voyage, et je lie à cela la question de l'interconnexion. Vient, enfin, la question des valeurs – et plus largement de l'imaginaire – que chacun place derrière chaque type de transport. Un imaginaire nourri par tout un ensemble de représentations, individuelles ou collectives, qui ne se réduisent pas à des enjeux de communication : l'aventure, les paysages, les rencontres, les souvenirs, mais aussi, de plus en plus, l'impact environnemental.

Tous ces éléments entrent en ligne de compte dans le choix, dans l'arbitrage des usagers, et donc également dans les nôtres, comme entreprises, dans la construction de nos offres. En tant que science des comportements humains, même si elle n'est pas que cela, l'économie a beaucoup à nous apprendre.

Tout dirigeant d'entreprise est ainsi conduit à éprouver les raisonnements économiques, parfois même sans s'en rendre compte. Ce qui nous manque parfois, c'est de prendre le temps de comprendre d'où ils viennent, et s'ils restent adaptés à un monde en transformation.

Cette ouverture du regard ne vaut d'ailleurs pas seulement pour l'économie. Je partage le constat qu'il y a de la place dans notre pays pour d'autres formations d'excellence, aux côtés des prestigieuses ENA – où dominent le droit et la science politique – et Polytechnique – marquée par les mathématiques, la physique et la chimie. L'économie, la sociologie, la médecine et bien d'autres disciplines peuvent former les dirigeantes et les dirigeants de haut niveau dont ont besoin nos entreprises publiques et privées.

Quelle que soit notre formation, nous gagnons toujours à nous enrichir de celle des autres. L'ingénieur des Mines de Paris que je suis (option Économie du développement, on se rapproche du thème) retrouve ainsi avec plaisir les réflexions sur la dimension industrielle de l'économie. Une industrie qui se pose, aujourd'hui plus qu'hier, la question de son impact environnemental et territorial.

C'est à ce voyage intérieur, à ce dialogue, que nous invite Marlène Dolveck. Au bonheur, même, que nous recherchons tous, pour nous et pour nos proches, et dont elle souligne que l'économie, dans la boîte à outils qu'elle dessine, peut nous donner quelques clefs, utiles pour ouvrir certaines serrures.

JEAN-PIERRE FARANDOU
Président directeur général du Groupe SNCF

Remerciements

Je remercie les économistes Ingela Alger, Éric Brousseau, Mathieu Perona et Joëlle Toledano, qui ont bien voulu répondre à mes (nombreuses) questions, me permettant ainsi d'affiner ma réflexion.

Je remercie Jean Tirole pour ses précieux conseils et l'honneur qu'il m'a fait d'écrire la préface de cet ouvrage.

Je remercie Jean-Pierre Farandou pour sa stimulante postface et pour le modèle de patron qu'il est à mes yeux.

Je remercie Philippe Wahl, qui est une inépuisable source d'inspiration.

Je remercie Philippe Bajou, qui a été mon mentor.

Je remercie tous mes patrons, tous mes collaborateurs.

Je remercie ceux qui ont relu mon livre.

Ce livre est en mémoire d'Anne-Laure Bourn.

Table des matières

Retrouvez notre catalogue sur
www.editionsdelaube.com

Pour limiter l'empreinte environnementale
de leurs livres, les éditions de l'Aube
font le choix de papiers issus de forêts durablement
gérées et de sources contrôlées.

Achevé d'imprimer en janvier 2025
sur les presses de l'imprimerie Firmin-Didot
pour le compte des éditions de l'Aube
331, rue Amédée-Giniès, F-84240 La Tour-d'Aigues

Numéro d'édition: 6462
Dépôt légal: novembre 2024
Numéro d'impression: 182787

Imprimé en France